Parenting with Heart

How Imperfect Parents
Can Raise Resilient, Loving, and Wise-Hearted Kids

如何培養出
有韌性×愛心×聰明的孩子

用心做父母

Stephen James 史蒂芬·詹姆士 | Chip Dodd 奇普·杜德 著　鹿憶之 譯

推薦序

誠實的父母不完美

——臨床心理師 洪仲清

「教養有一個悖論，如果我們作為父母，想要有所成長，首先必須要注意的是自己，而不是孩子。」

當父母在教養孩子，往往會忘記，他們至少教養兩種對象：孩子與自己。

三十歲的父母，跟四十歲的父母一樣嗎？六十歲的父母，難道不比五十歲的父母更成熟懂愛嗎？

也就是，當父母因為孩子的不完美而糾結挫折的時候，正是同時面對父母自己的不完美的時候。那麼，父母有沒有記得教養自己，更能理解與接納，在寧靜中療傷，在溫暖時表達慈祥？

因為企求完美，人類常在焦慮與恐懼中試圖控制自己，還有身邊可被控制的人事物，包括天生具有獨立靈魂的孩子。我們誤把控制當成愛，所以我們越是以為愛對方，結果越可能傷了他。

就像我們硬要草原上的長頸鹿生活在北極，或者要活力充沛的孩子長時間在書桌前重複背誦，要求人的、被要求的，常常兩敗俱傷。父母常常忘記謙遜也是一種可以用在父母身上的美德，夠誠實面對自己，就不會忽略，很多世事的流轉，大部分人也控制不了什麼。

我們常常忘了，我們每個個人，背後都有著強大的力量在推著我們走。可能是時代的演進、國家或地區的政經變化、公司或組織的重大事件、家庭成員的生老病死……

我們以為我們控制得很完美，恰好是一種畫地自限，在有限的空間才能事事如意，但付出的代價，就是放棄了一大片的海闊天空。其中，包含著犧牲了孩子未來無限的可能性，讓孩子按照一個過去以為安全的，但不保證未來一定安全的陳舊軌跡前進。

父母過去的未竟事務，那些未癒合的傷口，常常妨礙著我們對孩子的愛。武裝自己讓我們在傷痛中活下來，卻把親愛的人隔開在外，只是我們渾然不覺。

「健康的父母會尋求寬恕，不健康的父母則尋求理由。」

我們常常在悲傷憤怒的時候，無意中把自己塑造成受害者，而孩子常常被迫成為加害人。於是，我們有正當理由，對孩子發洩情緒，忘了當初孩子之所以來到這個世界上，是基於我們的決定。

最後，讓我們在美國神學家尼布爾禱告文中，保持寧靜與謙遜，然後堅定地做我們自己與孩子的父母。

「神啊，求祢賜我寧靜的心去接受我所不能改變的，賜我勇氣去改變我能改變的，並賜我智慧去分辨這兩者。一天天度過，欣賞每一個時刻；接受艱難困苦是通向平安的步道。」

各界推薦

「對於父母和祖父母來說，《用心做父母》是一本熱情而引人注目的書。作者深知教養並不容易，認為教養子女這樣重要的事，可以分為幾個步驟或原則來做，這樣的想法是愚蠢的。詹姆士和杜德提供了一張地圖，指導父母與孩子的互動，以及謙卑行為的智慧，當我們在面對無可避免的衝突與掙扎時。育兒改變了我們所有人，但也往往使得我們變得更加內疚或容易擔憂。本書在教養上的充分資源，將豐富你與孩子的關係，為你提供一條愉悅的教養之道。讀完這本書，你和孩子將會變得不一樣。」——丹．艾倫德（Dan B. Allender），博士、諮商心理學教授、西雅圖神學與心理學院創始主席、*Healing the Wounded Heart* 作者

「史蒂芬．詹姆士和奇普．杜德邀請你進入他們書中的諮商室，為你創造一個安全的父母成長空間，可以在這裡學習與開懷大笑，並且能夠誠實表達你的脆弱和不完

美。讀完這本書，你將為自己和孩子帶來更多的希望、理解與恩典。」——西西．高夫（Sissy Goff），MEd、LPC-MHSP、晨星諮商部兒童青少年輔導主任、演說家，*Are My Kids on Track?* 作者

「閱讀本書，讓每一位陷入困境的父母都會大大鬆一口氣。終於有一本書不是告訴他們該做什麼和沒有達成什麼。在這本書中，史蒂芬．詹姆士和奇普．杜德詳細說明上帝在父母生命中的崇高呼召，不因為『不完美』而增加父母的集體後悔和內疚感意識。當我讀到章節標題『做得再好也只是笨拙』時，不得不大聲笑出來，相信所有父母都會同聲讚好！」——吉米．邁爾斯（Jimmy Myers），博士、LPC-S、*Fearless Parenting* 共同作者

「我信任史蒂芬．詹姆士和奇普．杜德，並重視他們作為諮商師和教師的工作，更重要的是，我以身為一個人和父親的角色信任他們。他們邀請我們以可長可久的方式去教養我們所愛的孩子，無論孩子的年齡大小。史蒂芬和奇普告訴我們可以如何既勇敢又笨拙，我會向無數的父母推薦這本書。身為父親，我也會重新閱讀書中豐富的

內容。」——大衛．湯瑪斯（David Thomas），LMSW、晨星諮商部家庭諮商主任、*Intentional Parenting* 等八本書的共同作者

「史蒂芬．詹姆士和奇普．杜德比所有我認識的人都更瞭解心靈的錯綜複雜性，而將這種關係與一個人的自我、孩子，以及與上帝交織在一起的教養過程，是本書的基礎。透過寫作，史蒂芬和奇普將親子關係提升到教養技術和成果之上。」艾美．葛拉漢（Amy Graham），MTS、靈性關懷牧師、華盛頓特區教會

「史蒂芬．詹姆士和奇普．杜德的新書《用心做父母》是一次傑出的嘗試！除了豐富的教養資訊外，還提供了一個有趣而獨特的觀點，讓我們瞭解如何成為成功的父母，並培養出健康快樂的孩子。這是我讀過最好的育兒書之一。每個父母都需要這本育兒指南書！」——瑞克．強生（Rick Johnson），*That's My Son* 暢銷書作者

「這本書是一個警鐘，提醒父母不要再追求完美主義，而是要成為能夠贏得孩子心靈的父母。這是一場讓脆弱引領我們的挑戰，允許將你的弱點轉變成優勢。你不

會後悔與史蒂芬．詹姆士和奇普．杜德一起出發前往這趟旅程，他們兩位都是領域中的佼佼者。如果你像我一樣閱讀這本書，不僅會影響你的教養，也會影響你的靈魂。」——阿倫．葛拉漢（Aaron Graham），DMin、華盛頓特區地區教會主任牧師

「正如史蒂芬．詹姆士和奇普．杜德高效而明確的文字表達，《用心做父母》這本書可說是無比的精彩，深具挑戰性！本書並不是試圖控制孩子的行為和未來。雖然父母可能認為成功快樂的孩子是教養的最高目標，但文卻是無法取代能培養出一個可以在生活的種種問題中學習和愛的孩子。史蒂芬和奇普分享了自己教養之旅中的種種問題，指導真心實意渴望冒險和自由的父母。在閱讀這本書的同時，你將會成長和改變，這也表示你的孩子也會跟著成長和改變。不要無盡追尋成為『完美』的父母，請跟隨史蒂芬和奇普，光榮地成為笨拙和夠好的父母。」——傑瑞米和耶路沙．克拉克博士（Dr.Jeramy and Jerusha Clark），書籍作家，包括屢獲殊榮的 *Your Teenager Is Not Crazy*

「如果你正在尋找一本可以深入瞭解孩子未來的育兒書，那麼請閱讀本書。這本書指導父母首先要審視自己的心靈，找出自己的不完美。當你轉向內心，認真思考自己作為父母的缺點，就會開始變得熱情和低姿態，讓孩子更加瞭解父母。史蒂芬・詹姆士和奇普・杜德將『心靈』工作和能量帶入書中，使本書成為具有挑戰性的閱讀。審視內心可能會令人心痛，也很困難，但透過他們的指導，加上你自己的『心靈』工作，你會發現一切絕對值得。」——汪達・史密斯（Rhonda W. Smith），MEd、基督長老學院中學部校長（Christ Presbyterian Academy）

「作為父母，如果你想要知道在教養自己孩子時，你的過去和成長有多少影響，請閱讀本書。我們每個人都會將童年經驗的包袱帶進教養孩子的方式；但是，花點時間回顧並檢查我們自己的『垃圾』（儘管可能會感到痛苦），讓我們能夠重新審視現在所處的位置，以及我們想要與孩子一起到達的地方。花點時間閱讀這本發人深省的書，可以作為轉向內心的指南，它將推動你和家人一起前進。你絕對不會後悔！」——奈特・莫羅（Nate Morrow），MEd，基督長老學院總校長

「每個想要真心愛孩子的父母，都需要閱讀這本書。這些智慧資源將鼓勵你，促使你面對、引導和挑戰，以令人滿足的方式讓親子產生緊密的連結，進而發生改變。」——大都會賽揚獎蝴蝶球投手迪奇（RA Dickey），四個孩子的父親，*Wherever I Wind Up* 作者

目錄

第二部分：外在（我和你）

致謝

寫書是一項艱鉅的任務，本書也不例外，從開始有寫書的發想、構思，到企劃、提筆寫作，前後耗時約數十年的時間。

我們對從旁協助育兒、最主要的兩位女性、我們的妻子海瑟（Heather）和桑雅（Sonya）致以最深切的感謝。當然，身為男性及父親，絕大多數的功勞都可以追溯到兩位女性對我們的愛。

緊接著是我們對孩子們的感謝。法蘭克・辛納屈（Frank Sinatra）說過，「錯誤（我們）犯下不少。」每位孩子願意原諒和接受我們這個父親的角色，可以說是上帝無盡憐憫的甜蜜預示，幫助我們瞭解全心全意去愛的意義。

我們要感謝海瑟・艾柏特（Heather Ebert）協助擬定書籍大綱與企劃，以及寫作經紀人奎格・丹尼爾斯（Greg Daniels）協助，讓我們的文稿在Revell出版公司找到了家。

感謝Revell團隊的辛勤工作。薇奇・匡普頓（Vicki Crumpton）在背後不遺餘力地協助激發創意與實現創意。

最後，我們對多年來在卓越專業中心（Center for Professional Excellence）和聖人山諮商中心（Sage Hill Counseling）的病患表示感謝，他們全心全意地生活，活出希望、實現可能。由於有他們全心投入地生活、深切地關愛，讓這個世界變得更加美好。

前言

很少有父母不想把最好的獻給孩子。我們竭盡全力，全心照顧孩子，為孩子提供所需；我們為孩子祈禱、擔心、失眠；我們希望、期待、失眠……。我們花費數小時生命，陪孩子練習開車，從學校出發到朋友家。我們投入深刻的情感能量，擔心孩子的未來。我們鄭重發誓，要做得比我們自己的父母還要好。教養子女可以說永遠沒有結束的一天。

當我們成為父母，同時也接受這份終極的全職工作，沒有休假、沒有加班費，天天都有新鮮事發生。我們永遠沒辦法停止擔任父母，每天的呼喚都會持續在我們和孩子的生命中出現。

但這並不表示我們日常生活中只需盡職責，不需休息、補充能量，我們還是需要喘口氣的。由於教養是長期課題，需要自我調整，並將眼光放長遠。如果作為父母的我們建設好心態，聚焦於長遠之處，將更能夠運用智慧與孩子建立更親密的關係。實行教養需要有方法，想像一下，就像你想教出一個孩子具有五十歲人那樣的智慧。也就是說，當孩子年幼時，我們都知道他們的生活並不具備任何的技巧和智慧，畢竟他們缺乏經驗，還是個孩子；但當你將教養的眼光放在未來，你的教養方式會是一種與試圖管理八歲孩子完全不同的方法。

孩子在五十歲時會變成什麼模樣？是受到生活經驗的塑造，而不僅僅是取決於父母如何教他們守規矩而已。想要孩子長大成為正直、富有同理心、勇氣和智慧的人，必須要在我們的幫助下才能讓孩子懂得如何保有他們的心靈。孩子需要父母的幫助，才能對生命保持開放的心靈。只要我們這樣做，孩子便可能擁有非凡的愛，像一個五十歲成熟的人那樣。

當麥可和莎曼珊（非真名）來到我的（史蒂芬）辦公室進行婚姻諮商時，兩人已結婚十二年，有三個不到九歲的孩子。夫妻聰明而真摯，顯然彼此互相關心，並對孩子們有著深深的愛；但雙方卻都顯得很焦慮，無法確定對方的教養方式為何。他們對孩子真誠的關愛和關心是顯而易見的，然而關於教養問題的衝突卻是日益升高。莎曼珊想要確定孩子們都很好，但麥可更想要確定的是妻子很好，而實際上兩個人都不覺得目前的狀態好。

就像許多夫妻一樣，他們之所以進行婚姻諮商是希望學會「更有效溝通」和「釐清事實」。但他們很快地意識到，溝通和釐清事實並不是真正的問題。說實話，麥可和莎曼珊所失去的比他們所知道的還要多，他們缺乏：

- 確實可行的家庭願景
- 清楚瞭解彼此的故事
- 能夠帶領全家人度過一生的長久世界觀
- 練習以有意義的方式讓夫妻兩心契合

他們兩人都各自緊緊抓住對家庭的夢想，卻很快瞭解到，一起擔任父母的生活並不如所想像的那樣。

莎曼珊解釋，「我以為結婚之後就不會讓我感到那麼孤單了。從前我們相處愉快，所以我以為有了孩子之後會更快樂。我不知道事情會變得如此困難。我非常愛麥可和孩子，我不懂為什麼這麼難。」

麥可和莎曼珊兩個人都在所謂的好家庭長大，但雙方都無法真正意識到他們顯然在婚姻與家庭上並沒有做好準備，在很大程度上早已與自己的心脫節。他們不知道如何為自己與彼此活出真實的自我。

在接下來的幾週中，麥可和莎曼珊有了很大的進步。他們在探索自己的故事時，開始看見多年來雙方一直試圖控制彼此的感受和需求，這些都是他們在原生家庭中所學到的。他們意識到，這些實際上都是在阻止他們做自己。讓莎曼珊如此充滿焦慮，麥可又如何因自我懷疑而放棄。他們對於擁有一個幸福快樂家庭的承諾，卻諷刺地讓他們遠離真正想要的深度連結與情緒上的自由。

「我該如何避免也這樣對孩子？」莎曼珊問道。

「我們要如何才能為孩子改變？」麥可很想知道。

作為父母，我們非常明白這種對幸福快樂的渴望。這種想法經常在家中有小孩的人身上表現出來。我們也瞭解父母不想要造成孩子不幸的深切期盼，這些願望和渴望顯現了父母對孩子的愛。不過壞消息是，努力避免過去的惡性循環，而不願面對現今的困頓，幾乎可以保證惡性循環的持續。身為專業諮商師，經常遇到像麥可和莎曼珊這樣的個人和夫妻——他們深愛著彼此和孩子，但是為了抵抗生活中的痛苦，嘗試想要控制現實和一些無可避免的事，結果卻發現，這些抵抗不但無效，反而導致更多的問題。

當我們父母的態度是焦慮、控制、迴避或羞愧，而不是充滿熱情、有願景、陪伴和謙卑時，無意中會造就更多的困惑和痛苦。雖然不是故意的作為，結果卻與我們所希望的完全相反，在不知不覺中傷害了孩子。而唯有透過自己情感和靈性的成長，我們才能擁有孩子真正需要的東西。

我們都想要成為成功的父母，但問題在於，我們是以互相比較（社群媒體）和成就（學位和社會地位）作為終極衡量的標準。因此我們必須走下階梯，不再高高在上，直到我們能開始從內而外、全心全意地好好生活，如此才能真正陪伴彼此和孩子。

我們永遠不會擁有彼此或孩子想要的一切，必須接受自己的無能為力，無法將所有想要或夢想的一切獻給對方或孩子，也沒有辦法做到盡善盡美。當我們覺醒過來，認清自己不完美的現實，然後接受它，此時此刻，我們便學會從心出發用心做父母。

從心出發做父母

隨著孩子的成長和發展，教養變得愈加複雜。我們希望孩子在身體、智力、心理、情緒和靈性都能蓬勃發展，我們希望孩子有熱情、能與人相處並且正直誠實，當孩子長大成人後，能成為有能力貢獻世界的人。

雖然我們作為父母的目標可能相似，但用來實現這些目標的方式卻包羅萬象。與我們同一時代的父母，關於最佳教養方式的討論都圍繞著同一個問題：什麼是更真實可靠、更有幫助、更能持之以恆的教養方式？在過去幾十年中，我們看見文化的轉變，從以家長為中心的家庭，孩子從小就被教導要順從，不可以有任何形式的抗議（例如「小孩有耳無嘴」）；後來轉變成以孩子為中心的家庭，認為孩子的自尊是長大以後快樂的關鍵（例如「學校人人有獎」）。

而我們所建議的是教養孩子的另一種方式，既不是以父母為中心，也不是以孩子為中心，而是以「心」為中心。這種方式是所有家庭成員都以內心的聲音產生相互的連結與共鳴，每個人都有同等的價值，平等無權威。這種建議可能會潛藏著緊張的關係，需要更多的優雅、承諾和耐心，但我們相信這種努力是值得的。當我們打從心底教養孩子時，可以找到作為父母的空間和自由，這樣的父母可能並不完美，但卻足夠好。而「夠好」是我們所建議最好的教養方式。

做得再好也只是笨拙

我們喜歡用個譬喻來形容這種教養方式，就像在冰上奔跑的長頸鹿。長頸鹿並不會生活在冰上，長頸鹿適合的是大草原，不是北極。冰上的長頸鹿，四條腿打結，身體滑來滑去，面孔扭曲，這幅景象反映著我們每天教養孩子時的感受，絕對是不完美的。

我們所有人都是一邊做一邊前進。身為一個笨拙的父親或母親，這是我們盡其所能做到最好的。有時我們會手腳打結，重重摔在冰上；有時我們會在冰上滑行，覺得順暢，再也不會跌倒。但我們只是人，我們是不完美的，我們都有匱乏和不足的部分，我們也缺乏力量。上帝創造我們，雖然美麗、神祕和壯觀，但也受到令人震驚的侷限，其中一例就是我們無法掌控生命。

這種不完美和無能為力的感覺，正是父母能基於人類天性去關愛孩子的關鍵。當我們站在冰上，將能夠展現出真實擁抱生命、愛和信心之美的勇氣，無論這一切多麼艱難。

我們要如何才能接受自己的無能為力和不完美，同時仍然追求所有美好、真實、高尚、可愛、公正、令人欽佩和值得讚揚的事物呢？如何在沒有神奇藥丸、沒有奇蹟式的治療、沒有檢查清單也沒有績效計畫的情況下抵達目標？只有一條道路與人生可走。這個學習生活的過程，有助於我們好好做人，成為孩子所需的父母。這就是我們希望能在本書中所提供的內容。

這不是一本典型的教養書，我們不會說明孩子在幼兒時期不同發展階段的需求，也不會給你更多待辦事項表和執行手冊，增加你的負擔（但我們的確會提供一些非常實際、有用的問題，你可以用來問自己，另外還有真實的生活範例可供你思考）。你可以利用許多資源，幫助你學習如何在每個發展階段教養孩子。像在圖書館和書店裡就有很多書，可以幫助你與孩子一起實踐這些計畫。然而如果缺乏心靈的部分，世界上所有的知識和工具都不會給你的孩子提供他們所能接受的東西。因此我們並非是要你複製這些努力，而是設定了一條道路，讓你可以帶領真正的自我和孩子一起走過生命的每個階段。這種智慧將彌補其他育兒資源的不足，使得教導和技術更為有效。

當社群媒體上所描繪的都是表面上看似充滿光彩的家庭生活形象，以及強調績效所驅動的文化，很難讓我們相信固有的不完美。（誰會想要發布父母在晚餐前發脾氣的樣子？）真實的生活是在社群媒體上美好文字與圖片那道緊閉的大門之後。

我們邀請你採用一種生活方式——你知道無論自己如何努力，都無法達到完美的境界。如果你已經準備好要接受這樣一個事實：無論你有多少愛和善念，你都無法達成預期目標，無法滿足孩子的所有需求，這本書就是為你所寫。如果你能夠謙卑地接受事實，明白無論是否出於自願，你都會傷害孩子，那麼這本書也是為你所寫。

我們的熱情在於引導人們回歸心靈，能夠充分生活。我們曾經獲得同樣的一份贈禮，這是本書背後的心意。這本書是關於你作為父母的心，如果孩子沒有得到你的心，就只能根據你的規則而非親子關係來成長。要你放鬆對表格和公式的控制，你可能會感到不安，但我們建議的方法卻更有希望。無論背景、個人經歷、年齡，甚至孩子的年齡，你都能將這種以「心」為核心的方式應用到生活中。即使孩子已經長大成人也不算太晚，你仍然可以獲得父母的成長，或更貼近孩子的心。我們向你保證，一切永遠不嫌太晚。

我們用這本書呼籲各位父母能夠用心思考，與孩子的關係是一種終生的愛。這種關係歷經數十年，最後的成果可能並不容易受到矚目，但我們希望讓父母擺脫常與孩子有關的焦慮和羞愧心態，並要求父母思考下面這個引導性問題，將之視為一盞明燈，照亮你所面臨的困境以及不確定的道路：教養一個孩子，讓孩子能在五十歲時成為一個充滿熱情、真心誠意的人，這是什麼意思？

另一本教養書？

在諮商課程與指導的研討會期間，我們多次受到請託，希望能從「靈根系統（Spiritual Root System，簡稱 SRS）」角度編寫一本教養書。由奇普博士所開發的靈根系統，是一套全面瞭解自我的綜合法，綜合基督教神學、諮商心理學、神經科學、哲學和藝術的常見主題，以幫助理解生活的關係複雜性。簡言之，人類心靈的五根源是情感、需求、欲望、渴望和希望，理解這五根以及其汲取滋養的來源，我們的生命才能自由（不受過去種種或生物驅動的束縛），生活才能結出豐盛的果實。

多年來，我們一直婉拒這樣的要求。當我們開始思考寫作這本書時，問自己的一個問題是「已經有幾百本教養育兒書，而且大部分都很好，為什麼還是有人想要再多一本？」

我們另外思考的事情是，父母是否真的會閱讀一本其實是關於父母而非孩子的教養育兒書？大多數教養育兒書都是關於孩子的（大多數人也都這樣期待），而不是關於父母的，畢竟，誰會想要一本與孩子無關、也不提供解決方案的教養育兒書？

大多數情況下，父母會迎向那些聲稱知道自己在做什麼的作家，他們經常會將正確的事列表（誰不喜歡照表操課？）然後依照列表一件件去執行，等到做完，你就會得到一個獎賞，稱為成人。但是說到關於父母的心和孩子的心，卻沒有一張表可以遵循，只有在日常生活中實踐的原則。

可以理解的是，我們需要某種競賽計畫、檢查表或說明手冊，來幫助我們滿足孩子的需求，但卻沒有完美的教養育兒模型可以保證孩子（或我們）能夠成功，以及保證孩子（或我們）不會心痛。如果有一本教養育兒書能夠保證孩子的心，作者必定是在說謊。《舊約．利未記》列出以色列人生活各方面的清單：如何對待外國人和鄰居開展業務，收穫農作物以及其他幾十件事，卻沒人能堅守這份列表。保羅在《新約．羅馬書》中寫了一份如何生活在愛和平安中的詳細待辦事項表。事實上，保羅說，他拿出這張清單，是要人們知道自己無法遵守，最後將能領悟自己需要上帝的恩典。

培育真心實意的孩子，並不是一種結果，因為除非我們是有心的父母，才能教出有心的孩子。許多教養方式關注的都是結果（孩子），很少關注教養子女的過程，這便是教養的基本問題。我們可以知道孩子的需求、發展以及回應孩子的最好方式，但如果我們的心靈不處在正確位置，那麼所有的行動都只是在製造更多的噪音。使徒保羅在《哥林多前書》一封鼓勵基督徒的信中說：「我就成了鳴的鑼、響的鈸一樣。」保羅接著說，「如果我們具有知識、洞見和信仰，卻沒有愛（即心），那麼我們就什麼都不是。」（林前 13:1–2）

做一個真心實意的人，表示基於生活的準則，成為一個以熱情、誠懇、謙遜、承諾、勇氣、有意願、肯接受和每日臣服於生活的人。真心實意的人明白，最後目的在於人與人的關係，因此努力發展與自己、他人和上帝間的親密關係。他們能夠在關係中深深依附別人，並能夠重視和尊重生活中無可避免的損失。他們能夠辨識何時受到關係的傷害，也知道該到哪裡去尋求醫治。真心實意的人會說「我很抱歉」、「我錯了」、「你是對的」、「你能原諒我嗎」，他們能夠接受自己的侷限，慶賀自己的天賦。他們傾聽自己的恐懼，相信這樣會有助於他們做好準備，從錯誤中汲取教訓，即使不確定，最後也會在信仰中毅然冒險。真心實意的人充滿熱情。

要成為這樣的人，用這樣的心態教養孩子，需要很大的企圖心。基本而言，需要相信教養是一種過程和關係，而不是一個可以獲得結果的任務。甚至上帝也是如此對待我們。在這本書的背後，改變這種模式是我們最大熱情所在，我們希望盡可能讓最多人能夠融入這種教養方式，真心實意地開始教養孩子。

因此，當我們致力於寫作這本書時，我們已確信要從實際和人性的雙重角度著手。實際是因為我們處理並承認生命的悲劇和對上帝的忠誠，人性是因為我們沒有為父母設定錯誤的期望，或做出無法實現、持續的承諾。我們以同理心和誠實的心態寫下這本書，因為人生很少有比教養孩子更複雜、更需要用心的事。

我們想要寫出一本書，能夠解決父母的教養問題。父母是教養子女的人，而不是學習怎樣養大孩子的人，除非你瞭解自己的心、自己的故事，瞭解你的情感、需求、欲望、渴望和希望，以及各種情緒和靈性生活的基礎，否則你無法養育孩子。

因此，這本書是在邀請你，瞭解你的內心，瞭解你被創造的模樣（特別是在教養子女的設定背景下）。我們提出相關的建議，將能在生活的每個階段帶領你（真實的自我）和孩子。

由內而外的教養

你會發覺貫穿本書的幾個主題，諸如無能為力、臣服、接受、故事、痛苦、希望、自由、親密等想法，將一次又一次出現。我們努力不要寫得過度冗長，但如果沒有參照前面章節所討論過的內容，後面便不可能探討其中某個因素對教養子女的意義。因為人心是一團混亂，無法直接描述。

然而，我們提出一個希望有幫助的結構。我們將本書分為兩大部分，每部分有五章。本書的前半部主要側重於父母瞭解自己的心，不僅是作為父母的心，也是作為一個人的心。我們會討論：

‧如何從放棄完美主義，變成做得夠好。
‧在你與自己、他人和上帝的關係中，你被設定的體驗和運用感受的方式。
‧面對並接受自己所有的童年經驗，好的也罷，不太好的也罷。
‧接受你一生中必然面臨的、無可避免的痛苦和失敗，特別是作為父母的。

在本書的後半部，我們由內而外，從根源往結果移動。這種移動不見得一定是線性連續的，個人成長是傾向於以同心圓的形狀移動，有時比較接近我們的目標，有時則是遠離目標；但我們必須始終維持共同願景，也就是與我們的心靈和孩子都保持連結。我們鼓勵你：

- 關心自己和婚姻，這樣你便不至於在教養孩子時缺乏資源和協助。
- 傾聽孩子心中的話，這樣你就可以幫助他們追尋個人的獨特性。
- 培養孩子保持心靈活力和智慧的能力。
- 活在神祕和無法回答問題的緊張感中，這樣你的孩子便可獲得自由，去做同樣的事。
- 從長遠的角度來看待如何養育一個備受關愛的孩子，日後長大成為富有同理心、全心投入的成年人。

在每章的結尾，我們提出需要進一步思考的問題，以及在日常生活中實踐的練習方法。

智慧心的父母和真心實意的孩子

我們和你一樣都是父母，在教養育兒之路就像踩在冰上一樣，與你一起跌跌撞撞、滑跤跌倒。書中也包含了許多我們自己的生命故事，以茲證明。

我們兩位在一九九八年相遇，當時奇普博士正在著手撰寫《心靈的聲音》（*The Voice of the Heart*）一書手稿。從此我們一起花了幾十年的時間，指導人們重新振作與充分享受生活。該書對個人的轉化造成許多影響，因此後來我們又經過許多年計畫，想要將這種以心為核心的方法傳遞給父母和家庭。如今許多人已意識到，與家人生活在一起、陪伴家人，在孩子身上發展健康的依附模式，過著脆弱和真實的生活，而不是被羞愧感毒害而關閉起心靈，這些事有多麼重要。

參與我們研討會的成員，以及前來諮商的人們，學習著與自己的心靈連結。他們也像麥可、莎曼珊一樣問相同的問題：「孩子該怎麼辦？」我們的答案是：你的孩子需要的是你，真實的你，一個完整的人，真心實意的人。你就是孩子的禮物！

我們自己在擔任父母的過程中不斷親身實踐，不斷在冰上掙扎、跌倒，又重新站起來，向前邁進；現在也邀請你一起加入我們的行列。我們希望能幫助你順從於這個過程，接受自己是個不完美的人，是夠好的父母，在與孩子的關係中享受完整的自己，並且充分生活。

夢想總是遠比能力更高更遠，但是你會因為面對自己的極限，持續活在勇敢的希望中而受到祝福。努力的恩賜就是自由——堅持不懈、調侃自己、感受尷尬、體驗遺憾和寬恕、不要對自己太嚴肅等各種自由，以及放手體驗愛的深刻和意義，體驗奧祕的自由。

第一部

內在（我和我自己）

第 1 章

冰上的長頸鹿

你們在地上，這個問題沒辦法解決。

——山繆．貝克特（Samuel Beckett），愛爾蘭作家

數年前，我（奇普）在卓越專業中心教授一個課程。卓越專業中心是為男性專業人士所設置，專門治療上癮、憂鬱和焦慮行為等問題。團體中的每位男性都非常聰明主動，在個人領域皆取得成功。團員來自各行各業，是丈夫、父親、兄弟和兒子，也是外科醫師、牧師、牙醫和商業領袖。他們取得許多成就，並且在自己的相關團體中累積了數千小時的志工服務。

然而，他們還有其他共同之處：他們正踏出勇敢的第一步，努力脫離上癮問題。像許多人一樣，這些男性在進行治療計畫之前，曾試圖想要憑藉個人的智慧、意志力、

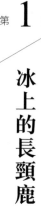

道德目的和自我，將自己、工作、家人、朋友和多重職責建立在沙山上。他們的成就愈高，愈是變得心力交瘁。當他們從滾動的沙上滑落下來時，對身邊每個人造成的傷害也愈大。他們前來尋求恢復生活的幫助——如果可能的話。

在那特別的一天，我們討論的是完美的沙山。我們以為，只要夠努力、夠幸運、得到足夠的幫助，應該就能夠爬上成就的高山。沙山真的是一個大陷阱！沒有人能夠登上完美的峰頂，但我們卻都以這個高度來評價或論斷自己。

我在說話的時候，同時開始想像一隻長頸鹿試圖在冰凍湖面上控制動作的畫面。長頸鹿的身體在冰上滑動，雙腿糾結、脖子扭曲，以為找到了穩定度和控制力，但不過只是笨手笨腳，不停地摸索，最後跌在冰上。然而長頸鹿一次又一次掙扎爬起來，最後終於成功站在冰面上，對不適合這種環境的生物來說，是件非常不自然的事。我與學員分享了這些影象，並將我能提供的最好消息告訴他們：「你們必須面對現實，你們能夠做得最好的事就是笨拙。」

這個說法在教養育兒方面再真實不過了。聽起來可能很奇怪，但戒除上癮和教養竟有許多共同點。這兩種不同領域的人，都需要離開完美的沙山，勇敢而笨拙地踏上冰面，為生活不斷努力。

正如醫師每天行醫一樣，父母每天也在練習當父母。戒除上癮的癮君子每天都需要擺脫癮頭的控制，父母也一樣，必須擺脫神祕的生活控制。最後你所能做得最好的就是實行。不過，我們雖然笨拙，卻無法停止對卓越的渴望，如此正顯現了我們生活中的衝突：生活永遠不會如我們所願。如果我們不僅想要自己過得好，還想與孩子（任何年齡的孩子）建立真實的關係，那麼就必須願意去接受自己的侷限和束手無策的經驗。

真心實意教養子女的祕訣，就是承認我們的笨拙。我們希望孩子的生活會變好，希望孩子比我們更成功，我們希望孩子快樂，但孩子不見得總是快樂（無論我們是多麼偉大的父母）。現實是，孩子永遠不會超越父母，父母也不會超越孩子。我們永遠都只是人類。

諷刺的是，我們愈是期望或要求控制結果，生命就愈失控。我們可以反擊、對抗這種失控，然而日常生活的現實也會起而反抗我們。相信我們有掌控權，只是弄假成真，這很瘋狂，但也因為如此普遍，所以人人都以為這樣是正常的。真正的「正常」不會改變，因此我們必須改變——離開沙山，在湖面的冰上尋求自由。無論如何，我們愈是善於做一個人，愈能成為更好的人、更好的伴侶、更好的父母。

冰上長頸鹿的這種想法並不新奇，在此簡短解釋。唐諾・溫尼考特（Donald Winnicott）對現代人來說雖然較不為人所知，但他對教養子女具有革命性的影響。溫尼考特是著名的心理分析師和兒童精神病學家，許多人認為他是最重要的早期精神分析學家之一。他曾經兩次擔任英國心理分析學會會長，並且是英國第一位接受過醫學訓練的兒童心理分析師。他撰寫過許多歷久不衰的書籍，取材於他在BBC廣播電台數百場的訪談，曾與社會工作者、神職人員、教師等經手輔導、幫助孩子和家庭的人一同合作。

透過他的教導和著作，溫尼考特引導人們接受「夠好的父母」概念[1]。這是一種對養育子女更有助益的方法，為無可避免的失敗保留空間，不再視之為不幸的事實，而是能幫助孩子成長為堅毅的成年人。在溫尼考特看來，從藥物濫用到家庭暴力，再到政治極端主義等社會重大弊病，都是家庭教育未能為孩子提供安全和鼓勵的後果。「夠好」的概念並不表示容忍父母的平庸；相反的，它被認為是社會繁榮發展的必要條件。

相對之下，「不夠好的父母」則是需要被孩子照顧的人，而不是照顧孩子的人。一個被忽視或被迫要照顧自己和家人情緒的孩子，將發展成一個不健康、活著沒有真實感的人。夠好的父母會培養孩子，能夠好好調節自我情緒，並富有創造力，這樣的孩子較有安全感，不過卻少有父母開始這麼做。唯有覺察和承認我們作為父母的錯誤，才能實現「做得夠好」的想法。

我（奇普）並非原本就懂得這個道理。在開始教養孩子的時候，我想要完美，避免面對做錯事的尷尬，以及這些錯誤會帶給孩子的痛苦。一九八八年，當時我和妻子桑雅的第一個孩子即將誕生，我們一起躺在床上，我思考著嬰兒快出生了，便回想起自己的童年，還想像撫養兒子會是什麼狀況，愈想愈害怕。

「我想要女兒。」我說。

「你在說什麼？」桑雅問道。

「好吧，我不想要兒子，因為兒子會很快發現這個爸爸什麼事都不會。」

她問我指的是什麼？我當時的想像是和孩子在後院玩接球，想像在一個溫暖的春天，樹木圍成籬笆，一幅完美的畫面。突然間，未來的兒子把棒球扔給我，但是我手套沒拿穩漏接球，兒子便想，「我的父親真悲慘。」我的兒子會期待我做好一切，知道答案，解決問題，永遠不要被打敗，勇敢堅毅，保護他免受一切生命的傷害。但我會讓他失望，怎麼辦？

我告訴桑雅我將如何失去兒子的期待，失去他的尊重和愛。「妳知道的，」我說，「美國父親和兒子、夢想之地，諸如此類的事情。」

桑雅當時正在教小學三年級。她說，「奇普，我看過一些來到教室的爸爸，坦白說，有些人連當人都不配，遑論父親了。但孩子們抬頭叫『爸爸！』然後跑過去。你不懂，」她說，「你的孩子不可能不愛你，孩子必定愛你。所以沒關係的。」

她說的話很有道理。我試圖相信，但內心抗拒。（當然，根據性別，認為撫養兒子或女兒比較容易真是大錯特錯。）

所以我開始接受孩子會愛我的想法。但這代表我放棄成為「兒子眼中世界上最好、最完美的父親」嗎？當然沒有！

五年後，我的兒子丁尼生參加四至五歲組足球隊，他和朋友們真的很喜歡這項運動。一位兒子隊友的父親曾打過大學橄欖球，我們一起站在場外看孩子們比賽。我身高約一百九十三公分，算是相當高大了，但在他身邊，我活像根拐杖。

一天晚上練習後，丁尼生和我一起到家後面的樹林裡散步。我在地上看見一根樹幹，我居高臨下，看出它大致已腐爛乾枯，很輕，只是看起來很大而已。我拿起樹幹，看著丁尼生，意思是說，「看著，兒子。」然後我把那根看起來很重的木頭重新拋回樹林。我覺得自己此舉一定令人印象深刻，感覺就像那些參加電線桿拖拉競賽的人一樣。我向丁尼生示意點頭，給他一個「跟著我準沒錯」的訊息。

我五歲的孩子不為所動，他看著我實話實說，「我朋友的父親更強壯。」

等一下！我想說，**你不知道他的球隊輸過多少場比賽嗎？**但是丁尼生環顧世界一周，看見別人的父親身體強壯，不顧我笨拙地想要給他留下深刻印象。

我想，**教養果真比我想像的更難，也比我希望的更難。**

我當時並沒意識到我一直試圖攀登完美的沙山；我還沒意識到，無論我多麼努力爬，最後都會滑下來。我所能提供給兒子最好的就是那座沙山。沒有人能夠達到完美的頂峰，我卻用那個高度來評斷自己。但我還不知道，現實是：我能做得最好的就是笨拙。

兩個糟糕選擇和一個有用辦法

但是，誰會想要笨拙？誰會想要看起來像在冰上跑的長頸鹿？

放棄為孩子創造超越現實的生活課題，我們必須面對兩種教養方面的完美主義，不再努力奮鬥：一個是以成就為中心，另一個是以舒適為中心。

如果我們是以成就至上的父母，我們巧妙地（其實也沒那麼巧妙）為孩子洗禮，即如果我們／他們學得夠、行得夠、做得夠，那麼我們／他們便可在（讓我們／他們的）生活發揮作用。無論我們的動機是公開或隱蔽，都含有「完美」這個詞。在這種方法中，少有神祕、模糊、錯誤、掙扎、失望，甚至真正奇蹟的空間。更糟糕的是，這是一種教養孩子的公式化方法，即「如果我給孩子正確材料，而他們照著做，就會過得幸福快樂（正如我們自己父母所定義並希望的那樣）」。但無論知道與否，我們的實際課題都是為了避免生命的痛苦。

第一種以成就為中心的父母，耗費大量精力試圖成為偉大的父母，也讓孩子成為了不起的孩子。他們全心投入於訓練孩子，因此不停地看書、聽網路廣播、參加研討會。他們非常愛孩子，誠摯地想要對孩子最好，並付諸熱切的努力和憂心。理想化孩子和他們的人生（也可以說是化為偶像崇拜，因為兩者確實是同一件事），只是使孩子落入羞愧、能力不足的掙扎之中，被迫去證明自己合格或乾脆放棄。因為不可能完美，孩子將無法完成任務（父母為孩子所設定的任務），因此孩子將違背父母的期望。錯誤的期望也使自己失望，甚至使孩子覺得自己讓愛他或需要他的人都失望了。

當父母想要孩子達成某種目標時，就是在讓孩子成為偶像。我們將孩子塑造成為我們想要的樣子，是因為我們心中暗自希望孩子能讓我們看起來體面。這種以成就為中心的完美主義，最後會削弱孩子的真實自我，遮蔽孩子先天的特質。無論孩子看起來多好，取得什麼樣的成就，多麼支持我們的觀念，隨著時間的推移，孩子原本希望真實的自我會被父母接受，但這種希望最後會逐漸消失。

通常這些以成就為中心的父母，會成為「指導／教練型父母」（保護、監督、批判），或「挑戰型父母」（要求下一個生命障礙成為孩子的下一階段成就），或更糟糕的是，兩者融合的「教練挑戰型父母」。

第二種類型是以舒適為中心的完美主義，表面上看起來與教練型父母大不同，但其實非常相似。以舒適為中心的父母，並不要求孩子的完美，而是要求周圍的世界一切完美。這些父母試圖創造一個地方和空間，讓孩子不必遭遇生活的種種問題。

這些父母可能會讓某些痛苦進入孩子的世界，但最重要的是，他們雖然鼓勵孩子擁有絕對的言論自由，但卻沒有教孩子如何分辨表達誠實的感受和關心別人的感受。這些父母基於「保持孩子的個性」讓孩子為所欲為，對於外界真誠的回饋，他們都藉由愛與尊重之名，大聲維護孩子的行為。

這些父母將孩子送到一個孩子就是上帝的世界。世界需要為孩子而改變，對於現實生活中孩子感受和處理情緒的方式，則幾乎沒有限制，而使得他們無法以健康的方式生活。這些孩子長大後將成為缺乏同理心和韌性的成年人，對身邊的人也不會尊重。最後，由於孩子拒絕親身經歷生活的種種問題，他們將真實自我深深地埋藏，欺騙自己生活不痛苦也不艱難。

這個深水池變成孩子真實自我的墳墓，因為他們認為痛苦等於失敗，失望等於恐懼。他們也相信，唯有生活以他們認知的方式運作時，幸福快樂才會到來。這些孩子長大以後成為苛刻的成年人，最後也將沉淪，因為他們所享有的權利無法創造一個可以完全控制、成功整合的世界。就像成就型的孩子一樣，對於不適合自己控制系統的關係會非常苛刻。

雖然這些可能只是極端的情形，但你能否辨識自己身上帶有這樣的傾向？在現實生活中，大多數父母都在這兩種完美主義類型間徘徊。我們多數人都是在這兩種功能失調的類型間來回，被困在兩個同樣站不住腳的地方，一個是石頭，另一個是深水池。這些錯誤的位置與每個人的社會經濟、教育或種族背景無關，而與人心和我們是否面對、感受生活種種問題的意願有關。

聽起來沉重而不祥，不是嗎？確實。這些教養方式可以很開誠布公的，但往往都是隱晦的，是在我們生命某個時刻所種下的教養不安全感和完美主義小小種子。如果我們深入挖掘並解釋驅動這兩種類型父母的方式，可能會聽到如此心聲：「如果我做得好，幫助孩子取得成功、擁有安全或受到重視，那麼他們就不會受傷，反而很快樂，我便知道自己已盡力做好，可以休息了。」

如果我們更深入，可能會聽到他們的心說：「我真的不相信上帝會安排孩子的世界，會好好照顧他們，我能做得比上帝更好。各種不幸和悲慘都可能降臨在孩子身上，曬傷、牙痛、青春痘、傷心、朋友背叛，更不用說兒童時期的疾病、傷口疼痛、性虐待或死亡。不必了，謝謝，讓我來，我懂得更多。」這些我們都能夠理解，只是生命並非如此運作，孩子並不是為父母尋求成功所創造的，因此父母不應以照顧子女的名義保護孩子。

好消息是，還有第三種方式，那是一種更以「心」為核心的方式，讓自己和孩子變得夠好——這種概念包含了更加統整、真實和具有承諾的教養方式，使我們遠離對自己、孩子或世界所要求的完美主義。

我們不是尋求安全和控制，而是能夠面對生活的種種問題。我們不再追求完美，而是在現實中放心；在我們的餘生中，將持續不斷工作，永遠沒有完成，終生不完美，一切都成為每天的生活經驗。當我們開始接受自己像一隻在冰上行走的長頸鹿，所能做得最好的就是笨拙，便可開始提供孩子真正需要的東西：真心實意的親子關係。這包括同理心、敏感度、哀傷和祝賀、堅持、真實性、理解、限制，以及降低要求，但同時仍然有很高的期望、對別人抱持感激、感激擁有的天賦、接受自我和別人、理解生活的憤怒和挫折。將這一切結合起來的則是「希望」。

聽起來似乎很多，確實如此。懂得更多知識無法實現這些崇高的目標，只能透過生活體驗而實現。笨拙得夠好的父母是聰明人，他們的生活深深扎根於真實可靠的情緒和靈性核心，並且誠心接受這條明確的定律：學習如何生活，是一輩子的課題。以我們所被創造的樣子去生活，意指承認我們的感受，去尋求幫助，並懺悔我們只是人。活著，需要我們秉持這個信念每日奮鬥：想要體驗生命的喜悅，便無法逃避愛的痛苦。如果我們不對生活保持敏感，那麼我們就會重新回到完美主義的懷抱，堅持生命、孩子和其他人都會按照我們預設的課題行事。

無能為力：必要的成分

大多數父母終生都在努力避免孩子發生他們無能為力的事。父母希望克服這種無力感，以便保護孩子免於經歷自己在生活中曾經遇過或可能遇到的痛苦。為了勇敢過生活，父母需要與其他成年人建立一種真實、充滿活力的靈性，以及深厚而持久的關係，對於充分的生活和教養孩子具有共同的遠見。如果父母沒有與自己所信任的成年人談論這種無能為力和焦慮的掙扎，他們的愛便會減弱，甚至變得廉價，造成孩子必須要為父母的快樂負責，結果只是將孩子變得不再像孩子。

如果我們對生活保持敏感度，便會有無能為力的經驗，但這會成為真實靈性和情緒成長的道路。承認自己無能為力，是打開與神、朋友、配偶、自己和孩子關係大門的鑰匙，為錯誤和寬恕留有餘地。孩子需要知道，無論是最艱苦的考驗或最盛大的歡慶中，我們在情緒上都有能力與他們相伴。如果我們在困頓中能夠堅持一直與孩子同行，向他們提供許諾，那麼孩子就能夠好好做一個人。

在人類的這場戲中，教養子女的主要功能是幫助孩子長大為成年人，而不是將自己認為的成功或失敗投射在子女身上。教養是一種情緒和靈性的呼喚，促使我們面對生出虛假安全感和控制感的小我、偶像和制度。

當我們終於冒險放棄後果（出於覺察、絕望或意外），便可發現笨拙的真正自由。只有在生活中沒有劇本、機緣、不由自主的時刻，我們才是真實的自己。我們感覺自己在愛的手中，開始相信上天為我們所做的事，是我們永遠無法為自己實現的。

在我們能夠像笨拙的父母一樣好好生活之前，必須勇敢踏入不完美之中。放棄完美就會悲傷，在悲傷中，我們便能接受困頓，再次獲得希望。唯有這樣，我們才能更誠實地為孩子提供真實的生活，而不是我們認為孩子應該成為的理想化版本。投降與認輸並不表示我們不希望自己或孩子能夠變得最好，而是表示我們在孩子面前顯露真實面貌，幫助他們培養自我。當孩子親密地感受到父母的心，就可以自由做自己。

終極禮物

我（奇普）母親給了我一個關於笨拙的好禮物，雖然當時無法瞭解這份禮物的深遠意義。在小學三、四年級時我曾對她說過一些非常惡劣的話，諸如「我討厭妳」或「我無法忍受妳」。還記得後來我明白自己大錯特錯，也記得自己很高興母親能夠接受我。我想，當時我是在測試她的愛，想知道她有沒有能力應付全部的我。

她容忍我說話的能力令人驚訝。我記得母親的回答是：「這是我第一次擔任父母，我不知道怎樣才能做得好，我也需要你的合作和協助。」她告訴我，我們一起在這裡。母親說了許多話，意思是說，這是我們兩個人生中的第一次，每個人都需要學習，做得再好也只是顯得笨拙。

不完美的教養是你和孩子的禮物。孩子會得到良好的支持、培養和愛護，卻也無可避免地會因你的失敗而受挫，因此必須適應生活在一個有缺陷的墮落世界。孩子會逐漸明白，生活可能很困難、令人失望，但面對挫折和痛苦，孩子會更堅毅。他們可以繼續懷抱希望，同時也生活在無可避免的悲傷和真正的歡慶之間。他們看過父母這樣做，也看過父母因為不這樣做而尋求寬恕，這種自相矛盾便是夠好的美妙形式。「夠好」讓孩子有機會成為完全融入生活現實的獨特個體。

陪伴取代完美

這是父母真正重要的事情：你陪伴孩子嗎？你的心對痛苦和喜悅是否開放？面對

生活中可能發生的無能為力，你是否容易受傷害？你是否承認為生活忙碌，還是試圖控制生活，或忽視生活的深度？就像冰上的長頸鹿一樣，我們過著不舒服的生活，因為我們的創造是對安寧、家庭和安全的渴望，以及對親密關係的熱切渴望。生活是不舒服的，有時是毀滅性的，有時則充實又豐富，我們都想要永遠停留在豐富的時刻。我們的生活實踐，必須面對生活的種種問題，因為無論父母或孩子都會被生活打敗。我們可以送給孩子最真摯的禮物就是我們的陪伴，可確保孩子即使在痛苦中也不覺得孤單。

世界上沒有地方可以「遠離」孩子或生活中的痛苦，也沒有地方可以擺脫苦悶，卻仍然活著去愛和感受喜悅。在艱難時刻，愛是最重要的。雖然代價很高，但我們唯一的安慰和援助是深愛，而無論如何，深愛必定需要充分的陪伴。

深入探索

- 作為父母，你在哪些方面追求完美？
- 你在哪些方面與孩子的生活掙扎保持距離，以免面對自己的問題？如果你有不只一個孩子，請就每個孩子單獨思考。

- 當你覺得自己失敗，你會怎麼做？
- 知道你只能做得夠好，是什麼感覺？

第 2 章 關係的連結

愛是我們的真正命運。我們不會獨自找到生命的意義，而是與另一個人一起。

——多瑪斯．牟敦（Thomas Merton），當代靈修大師

每年秋天感恩節前後，我（史蒂芬）都會和家人一起去海邊度長假，十多年來都是如此。有一年，最小的雙胞胎亨利和泰迪，還不到三歲，我記得他們第一次看見大海的樣子。那是個平靜、溫暖的一天，海浪輕輕打在沙灘上。亨利和泰迪跑到海水邊，當冰冷的海水接觸到他們的腳趾，他們便咯咯笑著退回沙灘，這樣隨著海水漲退玩了很長一段時間。

太陽開始落下，影子在白色沙灘上拖得愈來愈長。兩個孩子變得愈加勇敢，他們一寸又一寸向前挺進，一直到水深及腰，不過畢竟非常年幼，面對大海沒有經驗，突

然一波大浪襲來，打到他們臉上，鹹水灌入嘴和鼻子，兩個人便哭著向站在幾步之外的海瑟和我跑過來。我們用毛巾把他們包著抱起來，加以安撫，讓他們安心平靜下來。不久之後，他們又回到沙灘上，重新開始整個過程。

這真是一幅生活、孩子和父母之間相互作用的美麗例證。我們家庭的這個情景，並非獨一無二，我確信全世界各地的孩子和父母都有類似的故事，我甚至可以想起自己童年時期與父母在一起的類似時刻。

綜觀文化、國籍、種族和宗教以及古今歷史，我們人類的情況可謂大同小異。從DNA的角度來看，百分之九十九．九是相同的，情緒和靈性方面也一樣。當我們回到過去，成千上萬年前，遇到的人會與現在非常相似。歷史的紀錄持續傳述著生活、愛與帶領的相同故事，在在都在談論著情感、欲望、渴求、需要、希望、夢想、痛苦、歡慶、心痛和心碎。

當我（奇普）還是北德州大學的博士生時，他在大學部擔任導師。有一天，一位來自印度，個性成熟的二年級學生前來尋求幫助，到最後他教會了我一件事，三十年後我仍然記得。在我們談話的時候，他告訴我他和父親一起加入了一個讀書俱樂部，其中有一本他們一起讀過的書是《梅岡城故事》（*To Kill a Mockingbird*），小說的設定是一九三〇年代的阿拉巴馬州。談到這本書，他開始哭泣，因為他知道——為了百分之一的差異要去限縮某些人的歸屬感和關係的需要——這種文化是什麼樣子。與生俱來的權利和階級將他切割，他為種姓制度的痛苦而哭泣。這本書使得他想起自己的生活經歷與書中主角湯姆．魯賓森（Tom Robinson）、阿提克斯（Atticus）、思葛（Scout）和傑姆（Jem）等，他從未生活在其中或看過的文化連結在一起。我們所談論的小說背景設定在美國阿拉巴馬州一個虛構的梅崗小城，這本書是在我們兩個人出生之前出版。但我來自田納西州，曾經親眼目睹種族主義的行為。他和我一起坐著，雖然才初次見面，但我們卻有種熟悉感。

多年後，有一次桑雅和我為奧運會牧師、教練和運動員舉辦退休會。我們和一位奧運選手還有她的丈夫同桌吃早餐。我問她身為一個奧運選手的相關訓練，以及面對失敗和勝利的感受和體驗。她勇敢地說出自己距離金牌僅咫尺之遙的感受，然後她便崩潰了。她訴說著自己接下來要為參加下一屆奧運得再接受四年培訓而內心掙扎不已，同時眼淚順著臉頰滾落。我們聽了她的故事，都為她的掙扎、悲傷甚至感謝而深深感動。

我們從自己以及和兒子們一起走過的許多經歷，可以連結到她的失落。雖然才初相見，但因為她講述了自己的故事、透露了內心，我們變得彼此瞭解。如果我們與自己的經驗感受連結，在相似處內心就能傳達真相。這次命運的會面後桑雅和她維持了一段長時間的聯繫。當然桑雅並不認為自己與奧運選手有共通點，正如我也不會聲稱自己與太空人有什麼相似處，但內心所顯露的共鳴卻讓我們緊緊連結在一起。

由於我們心靈之間的連結如此一致，所以邀請我們參加退休會的牧師也告訴我們，他也是以同樣的方式關心來自全球各地的選手。他說：「我參加奧運擔任選手的牧師，這與主持葬禮的經驗大大不同。葬禮是一個又一個埋葬夢想的地方；而成千上萬個運動員都是努力多年才能抓住這個機會，最後上台領獎的只有三個人，真正獲勝的只有一個。成千上萬個選手都想贏得第一。」他參加一個又一個葬禮，因為全世界失去親人是一樣的，我們都有感受、需求、欲望、渴求和希望，我們都渴望歡慶，我們都會悲傷。一位美國牧師能夠為日本體操選手提供幫助，是因為失落、開心，還有一切的感受。只要我們願意承認、接受，無論我們在哪裡，都是一樣的。

這不僅適用於我們這個時代的各種文化，也適用於整個歷史。以《舊約》故事為例，亞達薛西王（King Artaxerxes）對尼希米（Nehemiah）說：「你既沒有病，為什麼面帶愁容呢？這不是別的，必是你心中愁煩。」（尼2:2）。國王帶著寬容的心，對待這位擔任酒政、幫國王試毒的外邦僕人；他看著這位「地位低下的人」，認出了自己的面孔、心和生命。這件事雖然發生在幾千年前一個完全不同文化的異國他鄉，直到今天我們仍然可以明白。我們今天仍能認得古希臘壁畫和面具所要傳達的事：掙扎、茁壯、神祕、問題、苦惱、狂喜、歡慶和悲傷。面對這些代表心靈的真理，有助於我們知道自己並不孤獨，而是互相認識，無論我們來自何時何地，西元二〇一八年和西元前二〇一八年的人都是一樣的。

每個人都是情緒和靈性的造物，我們被創造就是來這世界活出豐富人生。充實的關係可創造最多的豐富生活，甚至能讓我們走出世界，對世界做有益的事。

如果我們能從心開始，充分建立關係，即使遇到再艱難的事，內心仍能成長茁壯，並抱持一顆寬容的心。

將人類和人心比作一棵樹，我們不僅要承諾我們自己的心，還要承諾孩子的心。根往深處扎便可喝到水，於是心就能變得豐富，這就是本書「靈根系統」的來源。

奇普所開發的這個模型，是一種瞭解我們是誰的方式，可以讓我們明白此生的使命。人心有五根：

1 情感（具有八個核心情緒，奇普在《心靈的聲音》一書中有詳盡解釋）。[1]
2 需求（奇普在《心靈的需求》一書中有詳盡解釋）[2]
3 欲望
4 渴望
5 希望

這五根構成了人類的情緒和靈性特徵。

孩子出生以後，會自然做想要做的事。孩子會自然運用自己的感受、需求、欲望、渴望和希望，超越自我限制，與那些能夠讓他們做自己的事物連結。我們天生的生活是從心出發，內心天生想要與人們連結。想要得到滿足感，唯一的辦法是透過彼此關係的連結，進而產生親密、密切的關係。

關係連結（歸屬和重視）

所有嬰兒自出生以來都要尋求關係的連結，想要與人產生密切連結。嬰兒天生善於與人連結。而我們的父性、母性也一樣，天生善於與孩子連結，因為我們是相似的造物。依附理論是心理學家描述長短期人際關係動態的一種方式。英國精神分析學家約翰·鮑比（John Bowlby）第一個討論這個問題，瑪莉·安斯沃斯（Mary Ainsworth）則擴大解釋鮑比的論述，詳盡描述四種類型的依附：安全型、焦慮型、抗拒型、逃避型。3

當我們的需求獲得滿足，便產生安全型依附。我們最大的需求是受到重視。所有人最主要的兩個需求都是歸屬和重視，這兩種需求與食物、水、居所和衣物的需求同樣強大。

我們天生便被創造成要與父母和他人互相歸屬、互相重視。當我們的情緒和靈性存在獲得肯定和確認時，便滿足了這些需求。這是非常重要和基本的，我們一生都在追尋這些東西，並且無可取代。我們天生想要有圓滿的關係。我們不能逃避、不能糟蹋、不能買得、無法擺脫。每個人（包括大人和孩子）唯有透過真正關係的連結，才能滿足對歸屬感和受重視的需求。

最簡單地說，被重視的需求，是希望人們能夠明白我們為關係所帶來的價值，天生我才必有用，孩子只會做他們想要做的事，如果孩子的歸屬感和被重視得到確認，便會形成安全依附。這兩種需求（肯定和確認）非常重要。

記得小學三年級傳紙條說：「我喜歡你，你喜歡我嗎？」你希望對方能夠圈「是」。有時候對方會表現得像沒收到紙條，這代表委婉拒絕。就算時間過得再久，我們還是一樣。童年的紙條捕捉了我們一生中經歷的一些事情，如果我們對自己有足夠的肯定，便可容忍世界經常拒絕我們。

歸屬和重視的需求，也出現在婚姻中，基於人類想要被接受的基本需求。知名的婚姻學者和研究專家——約翰．高曼（John Gottman）博士便透過評估夫妻關係中彼此正負作用的相關性，判斷離婚與否的準確率高達百分之九十。[4] 如果一對夫妻彼此點頭，互相碰觸，運用幽默感，歡笑，受到對方的影響，他們會堅守在一起。不管夫妻互相咒罵或祝福，只要相互作用的正負比例為五比一，夫妻關係就會穩定。如果比例超過五比一，這對夫妻很可能相處融洽。然而相對的，如果等式的正負比例變成一比一，代表這對夫妻很可能在未來幾年內離婚。[5]

婚姻的成功和失敗取決於夫妻彼此肯定和確認的程度，反之亦然。如果夫妻關係充滿蔑視、批評、防禦和築牆（高曼稱為「末日四騎士」），表示這對夫妻可能會在結婚五、六年後離婚。[6] 現在想像一下，同樣地，蔑視、批評、防禦和築牆（撤退）

這四種力量對於教養子女多麼具有破壞性。

無論我們思考的是育兒還是婚姻，我們都需要肯定和確認。我們需要得到鼓勵，需要聽見有人說，「是的，上天把你造得好。」一遍又一遍地聽見有人說「是的！是的！你好棒棒，你是完美造物。」換句話說，我們需要的不是只聽一次，而是在一生中不斷聽見這句話。

有獲得才有施予

孩子們需要被愛，受到肯定和稱讚，意義遠遠超越表現和成就。孩子真正的自我（人格和個性的本質）需要被接受。作為父母，如果我們不是真正擁有，便無法給予。因此，如果我們不是真的愛自己，也不太瞭解自己，我們就不能完全愛孩子。

我（史蒂芬）記得女兒約十四個月大的時候，因為要上研究所，全家從納許維爾搬到西雅圖。這對我們年輕的家庭來說是一個大膽的舉動。我出生在田納西州的納許維爾，在那裡上大學，遇見海瑟，她在田納西州哥倫比亞長大。

我們搬到西雅圖後，我去上學並且在家工作，生活真是美好。我經常和海瑟還有十四個月大的女兒艾瑪克萊爾在家，下午一起到公園。現在她已經是個少女，講起我拿著麵包，一隻鵝在公園裡追我的故事，甚是精彩。鵝邊追邊叫，我也邊跑邊叫。「你像女生一樣尖叫，爹地。」她回憶道。我一邊跑一邊丟麵包，想要躲避鵝的追擊。這是我們生命一段美好的時光。

我記得一天晚上幫女兒洗澡。她在浴缸裡玩了好久好久，當時間到了，我要把她帶出去的時候，她深深看著我的眼睛。我有種羞愧感。我不知道發生了什麼事，只記得我很快將頭轉開。我們花了幾個月的時間，才將女兒所尋求的深層連結重新建立起來。她很安全，很溫暖，我們當時在玩，我們都只是在做自己。我是一個愛玩的爸爸，但當她看著我的時候，我不想讓她發現我感覺自己是不適任、沒有安全感的男人和父親。我覺得她好像看穿了，我就像赤身裸體似的。我才剛開始醫治我的心靈，還有許多傷口沒有說，沒有找到治療方法。因為我無法忍受自己，我也不能讓她忍受我。因為她以欽佩、歡喜、關心和愛看著我，我不得不把目光移開，我必須轉過身。她也品嚐著我的關心、欽佩和愛，分享的杯子裝滿了。

孩子和父母都是人，以同樣的物質和天性所造就。我們都在尋找同樣的東西：愛、接受、肯定、歸屬感。作為父母，我們需要有人看著我們說：「是的，我看到了你；

是的，我喜歡你；是的，你好棒棒。」這就是孩子所做的，以及父母所需要的。我們想要的都是連結，在關係中豐富過一生。我們自知愈深，獲得也愈多，但我們必須能夠明白什麼是自知。

桑雅和我（奇普）這對年輕夫妻，加入德州花崗市的一個教會，每次服事結束時，牧師都會送給大家一個美好的祝福：「願主保佑你，願主保佑你，願主的面光向你照亮，賜你恩寵。」接著說，「請轉向身邊的人，給予他們祝福。」桑雅和我會轉過身來，面對面看著對方。她看著我的臉，直視我的眼睛，抱著希望和夢想深入我心，對我說出這些美好的祝福。我幾乎難以忍受並感到慚愧。我幾乎無法忍受面對愛。在我生命的那個時刻，我發現很難接受這樣的愛，因為我還沒有能力給予這樣的愛。

好事發生在自知的人身上，這些人可以敞開心扉，接受並給予愛。無論是悲傷或歡慶的經驗，我們都是與自己的核心連結在一起，也就是我們的心得到瞭解。好事發生在那些能夠明確表達自己的心，講述自己真相的人身上。面對生活的重重問題，他們可以貢獻自己。這些都從關係的需求開始。

那樣的父母可以注視孩子的面孔，並讓孩子注視他們的面孔。愛在我們身上的能力，表現出對於無能為力的容忍，這種能力標示了我們容忍愛之苦的意願和能力。我們所愛的任何人都會遭遇苦難，如果無法面對苦難，我們便無法好好去愛。接受愛的能力，是良好而笨拙父母的標誌。

如果我們缺乏內在信念，便無法全心全意、真心實意地承諾孩子和生命中重要的人們。如果我們不能承認自己是以某種方式被創造的，那麼我們將試圖透過效能而非真實自我，來滿足歸屬和被重視的需求。沒有深刻的內在價值感，我們只能希望假裝表現良好，並教導孩子也假裝表現良好。如果我們因有害的羞愧而生活在焦慮、壓迫下，便是在教導孩子拒絕做自己。因為孩子深深需要歸屬感，也需要受到重視，如此一來他們便會試圖改變自己，變成「應該」成為的人，而不是成為天生的樣子。

傷口、誓言和心的失落

我們在傳授「靈根系統」時，經常會遇到下列問題：

- 如果一切都如此渾然天成，已有連接，會發生什麼事？
- 我如何不要讓自己的孩子發生這個循環？

- 我需要做什麼才能做自己做得更好，才能與那些愛我也最需要我的人在一起？
- 為何我如此抗拒？
- 為何我如此喜歡批判？
- 是什麼驅使我藐視自己和別人？
- 是什麼促使我面對關係卻退縮？
- 我是如何失去我的心？

我們所有人都經歷過情緒和靈性創傷，每個人身上都發生過類似情形，人人也都受傷。我們無力阻止這種情況發生。通常當我們受傷時，內心會傷痛，感到羞愧。有時我們不相信有人會幫助我們度過痛苦和羞愧，找到醫治和新的連接。在孤單寂寞中，我們以誓言做出回應。雖然這些誓言通常都很簡單，也通常暗暗發自心中，但卻會長久導致我們關閉部分心靈。我們對自己所發的誓列舉如下：

「我不會再讓同樣的事發生。」

「我不會再受到打擾。」

「我再也不會那麼在意了。」
「我要確保自己的安全。」
「我的價值只在於為別人做些什麼。」
「唯有成功我才會被愛。」
「我還是獨自一人的好。」

為了遵守這些誓言，我們建構了情緒生存策略，以滿足我們的需求，而不會暴露我們的心。我們的生存策略經常運用智慧、意志力和道德（善良）的天賦，非常具有創意，把我們變成隱藏心靈的專家。我們實行安全和控制的形式，而不是真實和存在。我們運用思維來尋求與他人之間的撫慰、取悅、接受、照顧、肯定、實現的方法，以便使自己受到重視。我們的努力和表現取代了真實自我的存在。

為了愛，我們表現給別人看，讓我們無法做自己。這在情緒和靈性上都是令人疲憊的。為了保持安全，我們變得孤立，我們成為求生者。我們變得愈是情緒孤立，就愈以自我為中心。我們為了保護心靈而努力，結果卻將心靈藏起來，不讓自己和別人看見。我們所付出的代價，轉而也成為孩子要付出的代價。然而，孩子需要的是真實、笨拙、美麗、不完美、可靠、努力、尋求寬恕、品格高尚的你。

人類有一個獨特之處，我們具有否認自己如何被創造的能力，沒有其他生物會這麼做。所有活著的生物都無可避免的，毫不羞愧地體驗豐富和完整，達成生命的圓滿。無論對樹木、馬匹和人類，這都是真實情況。然而，人類卻能透過驚人的知覺和智慧，隱藏我們被創造的實相。我們具有力量、創造力和聰明才智，可避免表現內心中生命欲望的脆弱。我們孤立自己。不幸的是，我們是不完美、有需求的被造物，需要關係才能茁壯成長，但我們卻經常運用上帝的智慧、想像力和意志力的禮物，來隱藏心中所思所想，規避痛苦。

可悲的是，我們有許多人並不是在一個能夠協助表達內心的家庭或文化中長大。我們使自己害怕、不信任別人。我們巧妙地（或沒那麼巧妙地）否認或拒絕為關係（最後則是愛）所做的努力，而不是對關係開放。關閉和隔離是可理解的，不幸的是，我們經常會有被拋棄感，有時我們被訓練（或自我訓練）去拒絕、減少或隱藏我們的心。有時我們唯一的選擇就是隱藏自己和別人的心，以保護真實的自我。因此，我們不知道如何利用感受、需求、渴望、歸屬和希望，去過豐富充實的生活。我們不知道如何處理傷害我們的事情。我們變得具有防禦性，一切以生存為導向，退縮不前、麻木不仁、自我滿足，這些傾向都會干擾我們教養子女的能力。

我們隱藏內心而不表現出來，試圖埋葬我們的靈根。換句話說，我們遠離笨拙，我們逃離不被人知道。我們不願意體驗愛和生活，變得脆弱，也不想把自己交給別人；因為這樣做，我們會受到傷害。

當我們心靈的根源沒有以親密關係的情緒和靈性來餵養自己、他人和神，心靈就不會茁壯成長，不過是存活而已。這種保護策略不僅對我們自己有危險，對最需要我們的人也是一種傷害。我們卻認為這是「最好的選擇」，直到我們願意改變。

雙重詛咒

所有人都有依附的傷口，很少有人是約翰．鮑比所謂的百分之百安全依附者。當我們遇到痛苦或感情受到傷害時（是的，即使成年人也會發生這種情況），經常會採取其他不太安全的依附態度，變得焦慮、不屑或害怕。從過去到現在，我們的關係都有缺乏安全依附的時候，出現這種情況有兩個原因。

第一個原因是因為撫養我們長大的人（或教養我們的文化），他們的依附型態已經受損。我們沒有得到所需的肯定或確認，是因為父母沒有給予我們，因為他們關閉了自己一部分的心。孩子基於父母的情緒、精神、心理受損情況，依附結構會出現發展不良的情形。

第二個原因是因為我們經歷了某種情緒和心理創傷的成長。創傷有一個非常基本的定義，是無法解釋負面情緒所影響的事件。當我們經歷創傷時，會造成情緒和心理的失調，使我們無法理解所發生的事。

創傷不僅僅是性虐待、身體虐待、父母兄弟姊妹或家庭成員突然死亡、離婚、悲慘的童年疾病或受傷等明顯的事件，這些都算是明顯的「大傷」。還有一些較微妙的「小傷」，往往導致我們在感到壓力、不堪重負時，錯誤對待孩子。就算是正常的教養，也可能會破壞我們與孩子的連結與信任。以下列舉一些情況：

- 與孩子耍心機。
- 怒斥孩子。
- 不顧孩子／拋棄孩子（例如父母患有嚴重的憂鬱症、上癮症或疾病）。
- 態度過於消極、積極，或經常譏諷孩子。

- 情緒波動不穩定，情緒無法預測。
- 在家裡是一個樣子，在公共場所又是另一個樣子。

當傷害來自父母或照顧者時，便會造成傷害。小事會造成大傷害。當孩子經歷到這些，他們無法明白，為什麼他們的心同時在說是也在說不，造成孩子身上產生了一種矛盾心理。

當第一個（情緒受傷的父母）與第二個（傷害）結合起來，真的會對孩子產生問題。我們會在情緒和靈性上孤立。情緒上的遺棄和傷害會干擾我們與自我、與他人的關係與連結（有時情緒和傷害加成的作用太過，不僅是干擾，甚至會破壞）。當這種情況發生時，我們對自己和照顧者的依附以及信任，都會受到干擾。

沒有一個家庭能夠完全擺脫這種心碎的感覺。即使是最常見的創傷也會造成嚴重傷害。例如，有需求的孩子來到父母面前，卻沒有滿足需求（通常父母甚至都不知道有這種情況）。孩子想要展開談話：「爸爸，我跟你說，我今天在學校……」但父母忙著做事，或因生活壓力而分心。孩子內心可能會這樣想，「爸爸太忙，沒時間理我」或「媽媽太累，沒辦法幫我」，於是孩子得到結論，認為必定是自己有問題。

孩子們缺乏生活經驗，不明白問題是出在父母身上。「爸爸媽媽無法滿足我的需求，我怎麼了？一定是我太過分，我要求太多。」孩子覺得都是自己的錯。這種情況發生在每個孩子身上，因為每個孩子都有人類父母。然而，情緒受損父母或創傷性生活事件，雖然不見得一定都會出現，但孩子卻會產生有毒害的羞愧感，會使得情況更嚴重。

關係修復膠帶

情緒傷害都可透過所謂的感通歷程（attunement process）重新修補、糾正和醫治，感通歷程類似一種情緒膠帶，發生在當父母瞭解親子關係崩潰決心斷開連結，或與焦慮、失去安全感的孩子重新連接陪伴時。

這種歷程有幾個關鍵要素。

父母能夠掌握自己嗎？要開啟這種歷程，父母必須具有與孩子斷開的能力。如果父母不能掌控好自己的情緒，並能冷靜地面對孩子的情緒崩潰，父母就無法幫助孩子。如果父母無法忍受孩子的不良態度，忍受孩子的悲傷情緒，便幾乎沒有空間能真正幫助孩子以一種有意義的方式，去依附自己和他人與神。

父母是否願意尋求回饋並對此保持開放的態度？回饋有兩種形式。首先，回饋來自孩子。家庭情緒健康的孩子具有非凡的抗議能力。就算時間很短，父母也必須要能容忍孩子的抱怨和失望，甚至有時是對父母的厭惡和仇恨。其次，父母需要公開尋求並接受配偶和朋友的意見，這些朋友必須是關係密切、品德高尚，足以託付真相的人。

家長能夠說「我很抱歉」嗎？父母對自己的行為負責，有錯便加以修正，這種能力是與孩子保持連結的基礎。父母能否承擔錯誤和尋求寬恕的風險，即使是面對自己的孩子？

父母會承諾孩子的心嗎？這是最後一個階段，主動重新連接並喚醒孩子的信任，因為父母致力於孩子的內心世界，注意孩子需要的界限或紀律。

請注意，前三個要素發生在父母的內心。父母在前三個要素中愈是熟練，愈能真誠地幫助孩子修復自己與他人的關係。

幾年前，我（奇普）和兒子一起去飛蠅釣。他大學畢業搬離老家進入更寬廣的世界。我們住的小木屋附近有個好地方，可以一起坐下來看星星從西邊升起。我們坐著說話，看著月亮冉冉上升，星星出現。我一直愛他，他也無法停止愛我，就像孩子與父母的本性一樣。這就是讓傷口如此深刻，愛的可能性如此豐富的原因。我們談那一天發生的事，我們騎的馬，還有沒抓到的魚。

過了一會兒他說，「爸爸，我以前很怕你，但現在已經不會了。」這句勇敢發言引導我們更進一步的深談；我比自己應該做的更嚴格，比我所需要的要求更高。等他長大以後，我告訴他我對他的期待，讓他覺得自己必須有所表現才能獲得認同。我記得當時我的心往下沉，整個人充滿悲傷的情緒。雖然他表示我已經不再是那樣，但我想起從前的事，的確和他說的一致。對我的兒子，我生命中的最愛之一，我最不希望他覺得必須尋求我的贊同，還要害怕贊同的真假。但事情已然發生，再難回頭。

我告訴他我很抱歉。他告訴我更多，我也瞭解更多。我們一直聊到月亮高掛天空。他有多大的勇氣，對於關係恢復的可能性，和我謙遜的回應能力又有多大的信任。我沒有藉口，也沒有任何辯護。他知道我的悲傷不會成為他必須承受的負擔，他相信我會表現得很笨拙，並承認失敗。他知道我們正在進步，他也相信我能夠承受，否則他不會冒險做這種容易遭受責難的事。我很後悔傷害了他的心，但我也相信愛的寬恕和慈悲，比我假裝讓事情變好的表現更具有力量。

現在，我們繼續保持談話，像兩個彼此相愛的男人，一個是兒子、一個是父親，同時也是兩個每天笨拙過生活的人，不斷在進步。他懂得比我更多，也願意分享他的心。好事發生在明白人身上。我現在與兒子更親近，他也與我更親近。我能夠注視愛的面孔，看看什麼事會發生。他告訴我這個真理。

我們如何處理衝突，如何修復關係，對於關係的親密程度至關重要。能夠容忍另一個人的痛苦、憤怒或恐懼（也能夠容忍我們自己的），實際上可使這種關係比從來沒有傷害更加緊密、強大。這是個好消息。孩子和父母關係的堅韌，是上帝賜予我們最大的憐憫禮物之一。

扣緊安全帶——顛簸旅程即將到來

我（史蒂芬）和大兒子正在努力獲得私人飛機駕照。我們的指導員強調飛行前檢查表的重要性。在每次飛行前，我們都用同一張檢查表逐一檢查，確保飛機能夠飛行（檢查表中甚至還有更多細項）。這個過程是一個重要步驟，有無數個原因都可以導致飛機停飛。有一位指導員經常會提醒我們：「飛行時你有兩個包包，一個裝運氣，另一個裝經驗。作為飛行員，你的工作就是在運氣耗盡之前裝滿經驗。」這代表獲得知識，獲得良好指導，並花費大量的時間飛行。你無法學會操作飛機……如果你沒有操作飛機的經驗。我記得第一次飛行時，我無法保持一定高度和航向。為了維持航道，我必須來來回回、上上下下，飛得像一隻蜜蜂而不是鳥。

育兒和駕駛飛機有很多共同點，如果沒有參與過程並犯下很多錯誤，我們就無法學會養育孩子。

但與駕駛飛機不同，育兒沒有事前檢查表。想要把孩子撫養成人，沒有檢查表告訴我們什麼事該做，什麼事不該做。（這樣說是否讓我們感覺比較好？）親密關係也沒有檢查表，即使有，我們也無法完成。作為父母，我們更應該遵循自己生命該走的道路，而不是一張能給我們答案的檢查表。

人生的大問題

關於人類的核心問題，回到我們許多人在小學三年級時傳紙條的一個問題，事實上，我們一直在問同樣的問題：「你喜歡我嗎？」

「是的。」有人回答。

我做對了嗎？我們疑惑。**是的！**我們聽到了。

你喜歡我嗎？這是我們都在問的問題，即使父母也一樣。當我們想要孩子守規矩，我們心中很人性的部分會問：「嘿，你喜歡我嗎？我要求你守規矩，我們關係沒問題吧？」

我們都知道有些父母的教養是出於「我希望你喜歡我」，這種教養面臨重大問題；相對的有些父母出於「我不在乎你是否喜歡我」，這種教養也同樣存在問題。孩子尋求肯定和確認，我們必須誠實面對自己：我們也在尋求同樣的事。如果我們生活中沒有人可以討論成為父母的感受，那麼我們將與孩子處在一個非常危險的位置。父母和孩子以同樣的問題互問：「你喜歡我嗎？」我們需要聽到肯定的答案。作為父母，最棒的事情之一就是只要我們願意，孩子會愛我們。

我們作為父母和人類，可以做的最偉大的事情之一，就是深入瞭解愛的面貌。我們讓人瞭解多少？能容忍有人帶著愛看進我們的心嗎？這麼做可能非常困難。

深入探索

- 和家人一起散步。所有電子設備機器都不要帶。（但可帶狗！）和家人在一起享受放鬆的一天。互相提問，給予鼓勵，仔細傾聽每一個聲音並重視，分享一天的高低潮，也詢問家人的一天。讓孩子和配偶知道你對他們的關心，你願意與他們在一起，想要知道他們的所有事。
- 用一分鐘時間，看看鏡子裡的自己，深深看入你的眼睛。接著給自己寫一封信，把你所看到的所有東西都寫下來，無論是力量還是掙扎。把你小時候對自己說過的話，以及你希望父母在你年幼時能看見或說出的事。
- 問自己：「什麼方式可讓我與孩子相處時，容許孩子具有自己的獨特性？」

第 3 章 與未竟事務共處

還有什麼事比未完成的工作更悲哀嗎？有的，未開始的工作。

——克莉絲蒂娜．羅塞蒂（Christina Rossetti），英國詩人

中學階段。即使是最自信的人，這四個字也會引起不安全感。中學是一個困頓期，青少年的大量激素以前所未有的程度在大腦中穿梭。尷尬、可恥、怪異、混亂。

我（奇普）在進入中學階段前，來自一所很小的小學，同學都很相像，彼此關係密切。進入中學以後，變得沒有人是相像的。在我看來，學校裡每個人都是從四面八方被安排到這裡，沒有人真的想上學。學校生活似乎是適者生存。

我對中學的一點瞭解就是我們可以踢足球。我喜歡足球，所以我想要參加足球隊。我不知道足球訓練已經在三週前便開始，我以為是在開學之後才開始，就像前兩年所

參加的初級隊一樣。所以我去找教練，詢問是否可參加球隊。他叫我來參加下一場練習。

第二天我如期出席，但不消花費太多時間，我便決定我不是該在那裡的人，我想退出。我幾乎無法呼吸，趕不上現場動作，所以我去告訴教練：「我做不到。」

他說，「你做得到。」

我說，「不，我做不到。」他叫我站在場邊待到練習結束。我認為最後我會離開這裡，一時心情感到寬慰。但後來我突然想到，那天晚上我必須見父親。

父親回家時，我還記得在他臉上尋找他心情大致如何的線索。我鼓起勇氣告訴他我已經退出足球隊，他的臉似乎垮下來。我知道他想要我到達某個位置，但我沒做到。如果這樣還不夠糟糕的話，大約在同一時刻我突然也意識到，我不得不去上學，回去面對同學。其他男孩會知道我退出，知道我待不下去。對於中學男生來說，被認為虛弱和懦弱不是什麼值得光彩的事，特別是對高年級來說。

我不知道球隊已經練習三週，我還沒準備好，就必須進入人生下一階段。我已經十四歲，承諾自己不要提出問題，而要嘗試自己解決問題。「儘管參加，盡力而為」是我的一貫作法，而且一向有效，但當時卻一點也沒有用。

顯然，我退出足球隊的決定，對父親來說是毀滅性的消息，因為幾天後，教練叫我進他的辦公室，告訴我：「你父親對你非常失望，他想知道你是否做了正確的選擇。」我不知道這些是不是父親說的話，因為我從未問過，他也從未告訴過我。但根據我在父親臉上看到的樣子，這些話對我來說是真實的，就像是我心中有一把大錘子。然後教練嚴厲地說，「我要給你另一次機會。」

我幾乎無法相信從我嘴裡發出的聲音，我竟然說「不。」我知道我做不到。我知道我不想回去。不知怎的，我生氣又傷心，所以鼓起勇氣拒絕。但我也害怕，因為我內心知道自己還沒準備好。從那時起，我相信我證明了自己能力不足或更差，我不僅不合格，甚至還退縮。從那以後我的生活總是擔心受怕。第二年我成功加入籃球隊，我一直很喜歡籃球。我父親則一直踢足球，他甚至在一九四〇年代後期獲得路易斯安那州立大學的錄取通知，擔任足球隊員。我知道籃球無法證明任何事，無論我多麼好、多麼努力、流多少汗。

兩年後我進入高中，足球選拔賽即將來臨，我知道是時候再試一次。我非常想讓父親對我另眼相看。我無法明確表達自己的感受，卻能感受到接受或拒絕，贊同或厭惡。「好，這次我必須做到，」我對自己說，「我必須去。」結果得知教練有一個政策，即高一不能退出球隊。任何人都可以參加足球隊，只要能忍受前幾週的訓練，就能成為足球隊一員。

總共有八十八人來申請加入足球隊，三週結束時，只剩下十四人不願退出。教練拚命叫我們跑步、做訓練，想逼我們退出。兩週都沒有發制服。我記得有一次我跑在兩個男生後面，他們名叫傑克和艾迪。「你要放棄嗎？」傑克問艾迪。

「你要放棄嗎？」艾迪回答傑克。

「你要放棄嗎？」他們氣喘吁吁地問對方。

我記得我跑在他們後面想著，**我要退出。你們都沒問我，但我已經決定，我要退出**。當我們接近體育館，傑克和艾迪結伴前往更衣室，我想，也許我可以跑一圈。我做到了。我很想回家，但內心深知有些非常可怕的東西正等著我。

我努力度過剩下的賽季，學會如何偽裝強悍，讓我能夠被團體接受。我也學到自己有多不喜歡足球，也不想參加比賽。外表看來我很強悍，內心卻仍然害怕。我永遠無法證明自己能力足夠，感覺良好。我甚至不喜歡和兄弟、鄰居男孩在後院比賽。

時間快轉二十五年。我的大兒子想打棒球。他真的很棒。我記得一場特別的比賽，丁尼生當時八歲，我是助教。丁尼生在投球，對方球員開始向他大吼大叫，說他有多糟糕，然後對方球員的父母也開始對他大吼大叫，最後連祖父母也加入對他大吼大叫。

我往投手丘走去，心中帶著過去擔任運動員期間想要證明的未竟事務（我並沒有領會），發誓丁尼生不會重蹈覆轍。我從九年級起便堅持至今的個人信條是「不要讓他們逮到你」。

當我到達投手丘時，兒子的樣子就像所有男孩會在朋友面前那樣，忍住不流淚。我彎下腰，雙手放在膝蓋上，幾乎和丁尼生一樣高。「你想投球嗎？」（我給一個八歲男孩成年人的決定。）「你想在這裡投球嗎？」

他回答說：「是的。」當然他想，我知道他想，他喜歡棒球！他想比賽，但他不知該怎麼表示，「是的，我想打棒球，但我希望他們別再吵了。」所以他只能說「是的。」他說出了正確答案。我能給予他最好的方法，是處理自己未竟事務的方法。

我跟他說：「聽我說。你在那邊只要表現得你聽不見，不要讓他們知道你因此困擾。好嗎？」我站起來走回選手休息區。我以為我教了他一些有用的東西，事實上我給的是個人最佳防禦機制，從九年級開始我處理類似事情的方式。我在他身上植入這個誓言：「永遠不要讓任何人看見你難過，無論發生什麼你都能忍受。沒有人可以撼動你的心。因此，在你追求目標時你將能容忍周圍所有人的辱罵，你將能實現目標而不會在過程中受挫。你不必感受我所知道的痛苦，因為我愛你。」

值得慶幸的是，第二天我醒悟到我做了一件對兒子有害的事情。我讓他做了一個八歲孩子不能做的決定。我把他留在投手丘上獨自忍受。沒有勇氣放棄自己的生存機制，說出「現在暫停，裁判」，然後把孩子們帶離賽場。直到第二天我才意識到，我可以用不同的方式處理事情。我所反映的是自己的未竟事務，而不是回應了兒子的需要。

換句話說，我需要關注自己的未竟事務。我需要思考，**我的舊傷口妨礙了我對兒子的愛**。不管他能不能理解，我記得告訴兒子：「昨天我真的不對，搞砸了你和整個球隊。我傷害了你，我沒有正確處理事情。我祈禱自己不要再做同樣的事，但我還是難免犯錯。我真的、真的很抱歉。」接著告訴他我真正希望自己做的。

簡單地說，從我們過去故事中沒有解決的無助和傷害，就是未完成的事、未竟事務。未竟事務包括我們內心所記掛的所有困擾，是我們羞於面對或承認的，或是傷害太大不能觸碰的，或是抵抗、否認的。

在你成長中沒有獲得療癒、繼續干擾你的；傷害你，使你傷心、震驚的；凍結在你內心中的，沒有徹底面對處理的——這些都是你的未竟事務。

我們的故事對於未來的所作所為至關重要。父母需要喚醒自己的故事。如果我們不能覺察童年的創傷和誓言，就會繼續傳播給孩子（以及所有重要的關係）。如果我們沒有人可以訴說眼淚或分享歡慶，長時間下來便會導致傷害，會在心中形成情緒的保護殼。無論是眼淚或歡慶，獨自體驗生活的傷害都很大，為了生存下去，我們一塊塊砌起磚牆，緊緊包圍著內心。

當我們發誓自己不會再讓痛苦發生時，保護殼開始形成。**我不會讓那種傷害、悲傷或不幸再度發生。我將控制一切，而不是像其他人一樣被人看見哭泣或大笑。我會控制一切。**這是未竟事務的開始，此時我們開始脫離人類的身分。我們缺乏同理心的勇氣去面對自己，成為我們對待別人的方式，尤其是我們最愛的人。我們像對待自己一樣對待他們。

黑暗中的燈光

教養最困難的事情之一，就是直到我們對自己最愛的人做同樣的事之前，通常不會意識到自己還有未竟事務。我們急需解決的未竟事務，最大的探照者竟然是孩子。這種情況無可避免，但如果我們有能力承認錯誤，並對行為負責，我們就可以對自己的所作所為採取措施，修復大部分損失。

正如我的（史蒂芬）女兒艾瑪克萊爾克在她高三時開始進行大學探索，我發現自己有一整個裝滿未竟事務的行李箱。表面上我說，「妳只有十七歲，有很多年可以瞭解自己、認識生活。如果妳現在不知道自己想要學習什麼，那也沒有關係。媽媽和我在這裡幫助妳做出最好的決定。無論妳的決定是什麼，如果發現那不是最適合妳的，仍然可以改變主意。」我說的話都發自真心，我希望她能夠盡可能感受到進行大學探索過程所需的支持和自由。然而，表面之下我傳達的卻是一種截然不同的訊息：「妳需要將選擇最大化。當志工、建立履歷、努力學習課業、學樂器、寫一本書、製作一部電影。」（是的，事實上我真的有建議十七歲的女兒需要編寫、製作、指導和編輯一整部電影，我相信我所想的是非常理性的方式。）

在一個層面上我說，「不要有壓力，我們和妳在一起。」但就像一部配音失敗的外國電影，我的嘴唇雖然在動，卻沒有與我的心同步，我真正想說的其實是：「我真的需要妳充分運用這個過程，進入常春藤盟校並獲得全額獎學金。」基本上我告訴她的其實是：「妳做得不夠，妳的履歷也不夠。」但我沒有告訴她（以及我自己）的是，從前我希望能有一個像我這樣的父母，可以在這種可怕的過渡期幫助我。

我很努力也很想要幫助她完成大學探索過程，但我卻對關係所造成的隱藏能量視而不見。當妻子海瑟和我一對一談論這件事時，我大致是理性的，但當我們開家庭會議討論過程時，我卻變得瘋狂。然後有天晚上，在與艾瑪克萊爾一起度過了特別不順的教養時刻之後，我在臥房的私密空間對海瑟說：「我十七歲的時候，如果我有像她一樣的大腦和父母的支持，我會用盡一切方法努力進入最好的大學。」聽到我自己說出的話，再加上看到海瑟的臉上表情，讓我幡然醒悟，原來這裡面有我的未竟事務，是因為我想利用女兒的故事修正我的。

我在高中具有不同的經歷。首先，我的案例比較強烈，因為我被診斷為ADHD，也就是注意力不足過動症，但在我青少年時期，父母和老師都對這種症狀並不清楚，更不用說有能力處理。在傳統教育環境中，沒有對策可幫助像我這樣的學生取得成功。在國高中時期，學校的安排對我來說非常困難，我甚至私下認為自己是低智商。我想若是不小心被人發現，我會曝光，只好去上特殊教育課程。直到我大學二年級開始學習英語和政治學（最後我的主副修）課程時，我才開始發現自己文章寫得很好，對一些事情也有深入瞭解，同學卻看不出來。等到研究所畢業約十年後，我發現在某些領域自己的知識能力非常出色。

除了學習困難和學業上抬不起頭兩大問題外，在我高中畢業前兩週，父母告訴妹妹和我，他們要離婚。那件事改變了我的生活方式，摧毀了我規劃好的大學計畫。這是一個影響整個家庭財務安全的情緒暴風雨時期，隨著離婚過程，壓力變得愈來愈大，我父母似乎沒有多少空間能在我大學探索過程中為我持續提供情緒或經濟支援。我覺得自己是孤單一個人。

即使我做過無數小時的心理治療，想要醫治生命中的那個季節，但家庭破裂至今仍然影響著我。當女兒艾瑪克萊爾進入類似的階段，當時事件的陰影在我生活中浮現。當她在大學探索的過程中奮力前進時，我過去的故事開始清晰了起來。這並非是從前的情緒和靈性工作無關緊要，它們確實很重要。然而，當我的女兒年滿十七，她的生活狀況與我有相似處（即使再細微），我不得不再次處理我的過去。我不想讓她經歷我所經歷過的事：在一個壓力大的過程中，沒有得到支持的感覺。令人遺憾的是，她嘗到了我被遺棄的滋味，而我是餵她吃這種味道的人。

我們可以在自己的個人生活中做很多成長和治療工作，可以參加研討會、退休會和恢復會，可以閱讀書籍（像這本書），並長時間進行個人、夫妻、家族治療。我們有許多人需要這些工作，並發現工作有用、豐富，令人得到救贖，但它不能抹除一個人的歷史。

生活是我們每天度過的過程。我們面對自己，我們希望學會歡慶和擁抱我們的禮物，我們學會尋求寬恕並接受個人侷限。我們成長，我們醫治與鼓勵我們並告知真相的人建立真實親密的關係。然後我們進入下一階段，有時我們需要學習更多，或以嶄新的方式學習相同的課程。這些日常生活的過程，實際上是深入認識那些正等待我們瞭解的憐憫，以及我們在個人故事中可以體驗到的親密和愛。

改變的呼喚

孩子給我們最大的禮物之一，就是「成聖」（sanctification）的祝福。父母為了有心，需要持續不斷從以自我為中心的控制模式，轉而面對塑造我們的歷史敘事。我們從與孩子的相處經驗中學會的往往比我們教會孩子的更多。孩子是上天餽贈的禮物，帶領我們回顧自己的故事——只要我們有勇氣回頭去看和感受。

你的孩子在不知情下邀請你療癒、成長和成熟，加深你對自己的理解，也加深你對上天恩典的理解。雖然我們是受到召喚來幫助孩子圓滿發揮他們的故事，但育兒讓我們有機會更深入喚醒我們自己的故事。

當孩子還小的時候，海瑟和我（奇普）從前會站在教會托兒所外面，等待孩子停止哭泣，然後我們上教堂。等到孩子長大，我們成為年長的父母，變成到托兒所擔任志工，幫忙上教堂的年輕新手父母照顧孩子。這些父母進來，我們能夠瞭解他們對於離開孩子感到擔心，孩子也一樣會有分離焦慮。孩子會哭，父母會交給我們一張單子，上面列出我們需要知道的事項。我們會傾聽、微笑，然後說：「好的，待會見。」因為我們知道一切都會安然無恙，我們也知道如何照顧哭泣的孩子，如何抱他們，唱歌，不再焦慮。經驗告訴我們，一切都會安然無恙。

我們所經歷過的事，做起來總是比較容易。教養子女的困難之處在於，我們沒辦法有這種重來的機會。作為父母，只能學習當下生命所教導我們的。養育孩子為父母提供再度成長的機會，能夠以嶄新的智慧傾聽過去故事重播的主題，繼續像冰上的長頸鹿一樣笨拙。

你愈是與孩子親近，有時對孩子真實樣貌和真正需要的東西愈是盲目。這是無可避免的。我們幾乎不可能不在孩子的生命歷程中看見自己過去的故事。有沒有其他選擇？把孩子一直放在身邊就近照顧？和孩子貼近得還不夠？隨侍在側提供生活大小事各種意見？這樣更糟，誰都得不到好處。你愈親近孩子，必須愈承認自己的笨拙。

瞭解你的反對意見

我們永遠無法完成未竟事務。以智慧和正直的方式教養，會導致我們總是不聽回顧過去曾立下的誓言，抵抗自己內心的傷害和創痛，造成我們在孩子成長過程中一再失望。

我們都曾誓言對抗自己的心。

「我再也不要有這種感覺。」

「我再也不需要這個。」

「我不會再依賴任何人。」

「我會成功的。」

「以後沒有人看得見真正的我。」

「我一定要有趣。」
「我一定要聰明。」
「我絕對要光鮮亮麗。」

認清這些誓言，便是認清我們的未竟事務。這是我們所要做最勇敢的事之一，也是可以送給孩子充滿愛的最大禮物之一。

當我們想要擺脫自己被創造的天賦模樣（敏感、熱情、情緒的需求、渴望、歸屬的存在）時，必須忠於其他事物，才能使生活運作。例如，當我們承諾「我不再傷心」時，必須與關懷他人以及誠實自我之外的其他事物結盟。隨著時間推移，我們作繭自縛，反被這些約定所控制。當我們過著一種抗拒過去、抗拒我們是受造物的生活，等於是把過去逼到牆角：「我永遠不會讓這種情況再度發生，我不能再錯一次。」猜猜會怎樣？如果我們過度逼迫自己的過去，那些事都是我們生活的核心重點，決定了我們所做的每一個動作。由於我們要求孩子的生活與我們過去不同，這種要求可以視為偶像崇拜的一種形式。

當我們奮力抵抗過去，不讓大門開啟，這樣做等於決定了未來的行動。這是一種防禦姿勢。由於我們的心放在大門後，便無法把孩子放在心上。我們想要逃避過去的傷口，於是我們便成為傷口的囚徒。如果我們不自由，是無法自由與孩子完全同在的。

在孩子不瞭解父母心靈的情況下，我們讓孩子背負著研究父母表情的沉重負擔。因為孩子需要與父母建立關係，他們會運用情緒和靈性能量來釐清父母的想法，而不會自由表達自己的心。他們會開始關照父母的感受、想法和需求，努力使自己成為父母所需。他們會開始教養父母，但他們自己和父母卻不曾意識到這種情況的發生。

如果我們從未做過孩子，人人都會成為偉大的父母，因為我們不會有自己過去的故事，明白作為孩子代表什麼，成長代表什麼，擁有人類父母又代表什麼。但作為孩子，我們學會一個非常重要的教訓：「如果媽媽不開心，沒有人會開心」。這是一種口語化的說法，意思是說「這是我八歲小孩的責任，必須確保家裡兩個大人的行為，別任由他們像小孩一樣。當他們像小孩一樣行動的時候，我必須盡最大的職責，讓他們變好。」

承認真理，學習大笑

我們所有人都有人類的父母，對嗎？這代表父母是不完美的，有時令人刺目，有時會恐怖虐待和疏忽我們，有時會拋棄我們。有時他們有某些上癮症，我們也無法逃脫。有時問題不太明顯，有時他們很自私，有時他們心情不好。有時他們希望我們在週日踢足球、學法語，或穿某種服裝上教堂，這樣他們就能自我感覺良好，覺得自己好像做得很正確。

孩子可以感受到，他們心裡明白。如果孩子不能自由提問，就會感到困惑。孩子需要能提問，父母需要能真實表達情緒。

一天晚上，我（奇普）和兒子威廉一起開車回家，途中我盯著方向盤不說話，他問我：「你在生氣嗎？」

我對他的問題感到驚訝，於是很快回答：「不是。」然後我自問是否在生氣，結果發現我在對工作中發生的事情感到很生氣。我意識到自己下巴很僵硬，當我專注回想幾小時前發生的事，我可以感覺到臉上呈現嚴肅的表情。然後我說，「威廉，事實上，我是因為今天工作時發生的事情感到生氣，但我當然不會生你的氣。」然後我們就回家了。

當孩子可以自由詢問父母臉上的表情，父母也能夠向孩子說出相應的真相，此時這種互動具有幾種作用：教孩子相信自己、教孩子信任父母、有助孩子發展敏銳的同理心、讓孩子免於照顧父母的負擔。

關於你的未竟事務，想要知道它們在哪裡，其實就是孩子不能嘲笑你的事，或你不能自嘲的事。當你表現得像個小丑，人們卻笑不出來，你便知道那是自己的未竟事務。

幾週前，我（史蒂芬）、兒子和海瑟一起在廚房裡。我們一直在繞圈圈，談話言不及義，徘徊在爆發邊緣。後來兒子直直地看著我的眼睛說：「你只會聽自己說話。」我轉向海瑟說：「真的嗎？」她說，「是的，差不多是這樣。」我們一起開懷大笑。兒子的批評還是會使我的心隱隱作痛，但他說得對。

當我們對孩子開放情緒，保有誠實關係時，會一起說很多真話，經常互相面對面、和解、尋求寬恕和大笑。孩子不能和父母一起大笑的事，就是我們需要成長和醫治的事。孩子知道有些地方要迴避，這些地方代表我們尚未向上天臣服，我們會對孩子說：「我不希望你碰觸那裡，因為我不相信上帝所創的故事。」

有一種方法可以分辨自己的未竟事務，請你勇敢問自己下面五個問題：

1　我一生中最痛苦或可恥的十件事是什麼？（凡是超過十八個月大的人都會有十

個。）如果你從來不曾列出這樣的清單，請現在開始。大多數人可以很快寫出兩三個，想一想然後寫到四五個，接著通常會對自己說：「那個人並沒有傷我傷得太過分。」對於是否將某些事件列入清單進行自我批判。「我不應該把那件事放在清單上，那不算大，也沒有人需要知道。」

2 這十件事對我有何影響？

3 我對這十件事曾立下什麼誓言？

4 為了維持誓言，我必須做些什麼？我持續做什麼努力嗎？

5 我所付出的代價是什麼？別人付出了什麼代價？

如果你準備好要開始認清這些未竟事務，就需要與自己或親友談一談。這樣做可能會令人畏懼。但如果你願意承擔風險，只要提出需求，你會發現有人能夠幫助你解脫，指引你一條路，也會一路陪伴你。

你無法修正已發生的事，也不能從頭來過，但你可以悲傷，可以接受它，可以認清它，可以把它說出來，可以彌補它。你的行為如何在生活中造成所愛的人不斷發生同樣的反應，你可以負起責任。你可以得到寬恕。你可以與他人共同成長，保持謙遜，真摯地需要神的恩典。

這是開始處理未竟事務的好方法，這樣你就可以陪伴孩子的生命。當孩子的生命同樣出現痛苦的轉折時，你將能一同參與。孩子的生命不免會有悲慘的時候，無論你做什麼，無論你是多麼好的父母，孩子都將不可避免地會遭受某些傷害。

但即使你笨手笨腳，依然可以陪著孩子繼續向前走。

深入探索

- 你曾為生活立下什麼誓言？什麼誓言阻止你與自己建立關係，與別人建立關係以及與神建立關係？
- 觀察自己幾天，注意你在生活中說過和聽過多少次「應該」。如果你聽見對自己說的「應該」次數，你就會知道你如何隱藏自己的心靈，遠離自我、他人和神。
- 你過去有什麼故事是與躲避父母有關？或與躲避配偶有關？別人有什麼過去的故事是與躲避你有關？

第 4 章 準備受傷

愛使人變得脆弱。對任何事物的愛，無疑會使你的心傷痛，甚至可能破碎。……愛使人變得脆弱。——C.S. 劉易斯（C. S. Lewis）

雖然擔任父母代表要面對自己心中的傷痛，但卻更能使我們感受到內心對孩子的愛之深度和廣度。對孩子的愛，放大了我們對仁慈、家庭、美的渴望，以及對心中所刻劃的未來抱持的希望。這種愛喚醒了我們與孩子的生活經驗，可在最微小的時刻找到榮耀：孩子開心的笑容、踏出第一步、一場手忙腳亂的舞蹈發表會、聖誕節早上興奮的臉、捕捉螢火蟲等。心中對孩子的愛，開闊了我們的心胸，讓我們經歷了前所未有的神奇感受。

藉由這種愛的豐富喜悅，我們也敞開心扉得以承受更大的痛苦。當我們勇於深愛一個人時，可確信的是，我們的心破碎的次數將會不可計數，而且比我們所能夠承受的更重。沒有別的事比教養更加繁重美麗，同時兼具滿滿的機會，足以重新創造希望，但偶爾也有悲傷。說實話，當我們進入養兒育女階段，等於簽訂了一份終生愛的契約，甚至可說是愛的盟約。這份盟約沒有終止的一天，不能說「我受夠了這個工作！」一旦成為父母，終生是父母。唯有一生朝著召喚我們的愛，不停向前走。

這份盟約帶來了許多美麗、快樂、奇蹟和感激之情，然而同時也有許多痛苦。我們需要走過痛苦、珍惜快樂，以實現盟約。我們必須學會如何尋找醫治傷害的方法，在失敗中成長，歡慶成長的里程碑，並對日常生活中的高低起伏抱持感激。我們必須要有寬廣的心胸，能夠容納歡樂，也能包容悲傷，於是當孩子發生大小事時，便有地方可依靠歸依。我們必須夠好，能夠以有效率的方式處理痛苦，並且也要有足夠的希望，能夠幫助孩子實現自己的夢想。

成為父母，是我們可以做的最偉大和最困難事情之一。當我們成為父母時，生活保證一定比我們所希望的更痛苦，並且也比我們所計畫的更無法控制。正如一位家長所說：「有了孩子以後，彷彿有人把我的心帶走，現在我的心就在全世界遊走。」

如果我們沒有處理好受傷的經驗，也沒有處理好悲傷的經驗，我們便無法處理好喜悅，因為這些都是愛的一部分重擔。如果我們想要孩子能感受喜悅、能開懷大笑，發現日出與夕陽的美麗、青蛙和蝌蚪的神奇，我們心中就必須有空間可以容納這些生命的體驗。如果我們承受過許多痛苦，將能夠與孩子一起經歷與承受生命中的痛苦。

我們不可能完全實現孩子所有想要和欲求的事。作為父母，承受了許多祝福，但最豐富、最能改變生活的祝福之一，並不是得到好結果或實現希望的短暫祝福，而是面對生活種種問題並堅持不懈的神聖祝福。因為生活令人受傷，我們需要能面對哀傷、掙扎和後悔這三種傷害的特殊方式。

哀傷

四月初一個美麗的春天晚上，樹木正在萌芽，天氣漸漸變得溫暖，但夜晚仍然有些寒冷。海瑟和艾瑪克萊爾一起去看電影。我（史蒂芬）和最小的兩個兒子亨利和泰迪去打保齡球。以利亞去朋友家參加生日宴會。我們剛打完第一局，手機隨即響起。這是你永遠不想接到的電話。打電話的是海瑟，她的聲音聽起來嚴肅而恐慌。「史蒂芬，他們把以利亞送到醫院，他摔進火堆。我們醫院見！」

海瑟和我分別從小鎮兩頭開車衝往醫院。她先到，我隨後就到。我走入急診室後方，進入狹小的創傷中心，看見兒子正被一群醫師和護士包圍。太可怕了，他正承受難以想像的可怕痛苦，海瑟和我都沒辦法讓他解脫。可悲的是，這還不是最困難的部分，接下來在燒傷中心的兩週，是我們所有人從來不曾想像過的情景。

一個人燒燙傷，不僅僅是燒燙傷的痛苦，復健的痛苦更嚴重，自體皮膚移植的部位，更會造成難以想像的痛苦。自體皮膚移植基本上是從身體其他部位取下一塊皮膚，移植到需要生長新皮膚的部分。所以兒子在大腿部位取下了一塊皮肉。在此我略過不提傷口復原的細節，幾天後，等到身體足夠強壯，物理治療就開始了。

物理治療師告訴以利亞，他需要沿燒傷中心周圍走兩圈才能回來。由於移植部位的疼痛，他連半公尺都走不了，繞中心兩圈簡直是一場馬拉松競賽。第一天復健，他只能沿大廳走過幾扇門；第二天他走完一圈，臉上的表情說明了完整的故事。除了鼓勵之外，除了陪伴他走每一步，我們無能為力，不知還能如何幫助兒子。

在一次特別痛苦的復健後，他徹底崩潰；他崩潰過很多次，這只是其中之一。因為他是在一個可以敞開心的家庭中長大，所以他淚眼朦朧地問我們許多問題，諸如「為什麼上帝讓這件事發生在我身上？為什麼上帝不保護我？爸爸，你為什麼明明答應我，卻還是讓那些醫師帶我進入那個房間？」他能夠將痛苦全部哭出來，但我們卻完全無能為力——除了陪伴。

幾天後，他走了五圈。他必須在內心深處強迫自己。看著他奮力抵抗，痛苦地走完這麼多路，使我們深受激勵。他非常勇敢。海瑟和我從頭到尾都一起陪在他身邊。朋友們來探病，我們一起祈禱，我們夫妻輪流睡在他身邊。完全康復需要花費很長時間，除了身體的復原，還要經歷晚上許多夢魘和睡不著的夜晚。

這件事對我們家中的每個人來說，都是一次改變生命的事件。身體創傷固然嚴重，但所產生的情緒創傷更嚴重。這個經歷對兒子來說不堪回首，對我們也非常恐怖，因為我們非常愛他。

他為了在自己身上找到力量，付出很大代價；為了要回家，他必須強迫自己，但是代價就是用天真無邪來交換。他原本認為世界是好的，這個信念被打破了（不過他依然相信世界有良善）。以利亞的個性並不憂愁，他喜歡笑。如今經過多年以後，由於我們一起面對創傷的恐懼和傷痛，並且在他努力奮鬥的時候一直陪伴在身邊，我們一家人變得更加親密。

我們能夠度過這一關，是因為在這個過程中，我們讓許多人愛我們。這些愛我們的人，有些陪伴在側，有些整晚和我們一起在醫院病房等待，有些帶冰淇淋給我們，有些和我們一起祈禱，不停地關心我們。就像我們好幾個月不眠不休照顧兒子一樣，這些人使得我們能夠堅持到底。如今每逢週年紀念日，他們還是會發訊息過來，因為他們依然記得和關心。我們能度過這一關，拾起破碎的心，是因為這些人認識我們。

我們能在悲傷中堅持到底，很重要的原因是人們認識我們、鼓勵我們，悲傷時能夠陪伴我們。他們在我們的故事中愛我們，所以我們也愛以利亞。我們被迫讓這一起事件以我們不想要、不希望、無法做好準備的方式，成為兒子生命的一部分。

當悲劇發生，我們有能力陪伴孩子共同度過，而非有能力創造一個沒有悲傷的世界——沒有損失、沒有痛苦、沒有傷害——兩者是截然不同的。為了要擁有這種能力，我們必須發自內心好好生活，真正懂得分辨自己的感受。在這個過程中，我們也需要許多人的支持，鼓勵我們的心。所有人都不是生來孤獨、獨自生活的，都需要他人。

養一個孩子，需要全體的力量，這種是正確的想法，但確實需要大家同心協力，因為唯有懂得什麼是努力奮鬥的人，才能帶領我們走過。作為父母，我們需要其他成年人作為傾訴對象，說出痛苦的真相，不管那天是多麼美好。我們也需要有人能一同歡慶喜悅的來臨，因為喜悅確實會來臨。

孩子需要知道父母能夠生活得充實圓滿（有歡慶也有悲傷）。當這種情況發生時，孩子便獲得了經驗，能夠運用情緒和靈性工具，保持一顆真心。能夠在悲傷經驗中獲得許可和幫助、在歡慶中得到支持和肯定的孩子，就能發展充實圓滿生活所需的工具。

父母一生費盡心思，把孩子送到好的私立學校，確保孩子參加適當的青年團體，幫助他們做正確的事——這一切都是好事。但是，如果父母真正目的不是為了孩子，而是建立一個能使父母免於掙扎奮鬥的環境，那麼父母的行為並不會使孩子真正受益。我們誤以為只要給孩子最好的，孩子就會有最好的生活。作為父母，我們需要問自己：「我是否希望孩子成為真心實意的人，還是希望他們在世人眼光中是成功者？」兩者不見得會同時發生。

養兒育女讓我們能夠認清現實，生命不如夢想的美好。如果我們敢於全心全意愛孩子，教養子女能夠解除我們的控制和執念，使我們必須面對生活的種種問題：生活是美好的，但生活也會使我們受傷。這是我們的掙扎和奮鬥。

掙扎和奮鬥

人類的深刻經驗是掙扎和奮鬥，不是成功。教養當然也是如此。我們無法在教養方面贏得勝利。用心做父母，養育子女，就是要學習如何掙扎和奮鬥。雖然我們在孩子、配偶和其他人之間，也有一些明顯的掙扎，但教養孩子的真正奮鬥其實在於我們自身。

人類天生就知道如何掙扎奮鬥，可說是專為此而設計的。看看嬰兒誕生的初始情況，可知孩子善於掙扎。嬰兒離開子宮之後，需要做什麼？掙扎奮鬥。嬰兒第一次開始發出聲音，不是咿呀兒語，而是大哭；然後嬰兒伸手想要抓住、吮吸和爭取，想要活下去。嬰兒掙扎奮鬥。你看過孩子玩耍嗎？他們全心投入，如果堆的積木翻倒，大概會哭一秒鐘，隨後開始重新堆積木。

以下有四種現實情況，相信絕大多數人不見得喜歡，但想要在生活和教養子女上都能過得充實圓滿，必須學會如何奮鬥。

1　**我們做得再好也只是笨拙。**我們總是生活在不完美的環境中，為了活得更好，也為了好好教養子女，一方面要技巧熟練，一方面要笨拙，生活在悖論中。就像醫師平日也需要練技術，當為病人進行手術時，只能希望順利進行。

2 **我們每天必須行動，才能進步**。無論我們在完美的沙山上爬得多高，都無法到達巔峰。即使我們能夠到達巔峰，也無法停留。我們永遠都要向前進，因而會陷入困境，忘記或忽略某些事。當我們朝夢想、希望前進的時候，會遇見某些事，或不明白某些事、我們都需要不斷學習和成長。

3 **我們懂得少，必須學習**。生活是不可預測的，我們永遠不會得到所有答案，總會有問題。學習如何生活，需要一輩子的時間。我們無法完全明白，通常要花前半生的時間，才能明白自己無法完全知道。這並不表示要停止生活，而是我們提問的能力提升了。

4 **生命是悲慘的，上天是忠誠的**。我們人類的生存條件與這個真理緊緊相繫，也是我們緊張的根源。學習如何掙扎奮鬥，也與這個真理的協調有關。我們如何處理這種緊張局勢，以及如何讓它在我們身上發揮作用，對教養子女具有重要意義。

第四個現實是生命、信仰和愛的基石。我們很難否認（但很多人都試圖）生命的悲劇。生命如何悲慘？解開這個謎團需要再更深入一些。

在古希伯來世界，忠誠（*emeth*）的意思是「可靠性、穩定性或堅定性」。希伯來人生來便認識真理，他們不必去發現或弄清楚。「上帝是我的歸途」（God is I AM），代表所有人的起源和終結。希伯來人知道上帝是真理，但他們有個問題。他們看到現實並說：「你知道，上帝，你是真理，你是恆常不變。但當我環顧四周，現實卻訴說著不同的故事。現實有絕望、破壞、離婚、黑暗和死亡，還有災禍和瘟疫，並無永久不變。現實是一團糟。」希伯來人內心有衝突和掙扎。

生命的悲慘，促使我們提出許多難解的問題，諸如上帝是否存在？我是孤獨一人嗎？

關於人們面對這四種現實的奮鬥，在《創世記》中有一個偉大的故事。有個人名叫雅各（Jacob），這個名字的意義是「詐騙」，詐騙自己和別人，他認為也可以詐騙上帝。他總是在做契約買賣。為了生活想盡辦法，占得優勢，贏得先機，脫穎而出。甚至為了達成目的，不惜操縱、犧牲身邊的一切。他的最後一筆買賣，讓他獨自留在沙漠中。那晚有個男人出現，與雅各較力摔角。他們打了一整夜，結束時，雅各得到了祝福。他得到奮鬥的祝福，因為表現出情緒和靈性，並與上帝的存在摔角而得到祝福。甚至連他試圖假裝自己的身分，絞盡腦汁為生活費盡心機，都可以得到祝福。結果他失去了小我，使自己受益。他的腿瘸了，名字也換了。他的完美和控制力都被打破，從一個倖存者變成真心實意的人。上帝用一個新名字祝福他，稱作以色列（Israel），意義是「上帝勝利者」——與上帝摔角，在過程中找到生命。從那以後，他每一步都跛著走路，提醒自己是一個人類。以色列這個名字是給予我們所有人。唯有我們努力掙扎奮鬥，才能開始調和愛與悲劇之間的衝突。就像雅各，我們需要面對自己並奮戰，接受我們的祝福，並以信心行事（跛腳）。掙扎奮鬥是進入新生活的門檻，有了奮鬥，我們才能好好做一個人類，也才能有絕佳的機會，成為夠好的父母。

在生命的奮鬥中，我們必須創造自己的生命故事，才能相信孩子也同樣會展開故事。否則我們會試著填滿孩子的故事，以免他們受傷，我們也無須時時惦記。

作為父母，如果我們的故事中缺乏自我的開創，就不會讓孩子的心冒險。相對的，如果我們願意接受生命很悲慘，那麼我們就可以與孩子一起度過這場悲劇。我們可幫助孩子面對，而不是逃避。

遺憾

因為我們愛孩子，希望他們好，也因為我們不完美，所以會遺憾。伴隨生命的悲痛以及自己的掙扎，遺憾成為教養孩子的一部分。孩子的生命不可能滿足我們的夢想和深切願望，遺憾是我們愛孩子最偉大的見證之一。

我（奇普）現在年紀較大，因此懂得更多遺憾。真的，遺憾並不是件壞事。遺憾是想要愛的見證，因為我們希望自己曾做過某些事，或做不同的事。在本書中所寫的內容，我都知道也經歷過。我們家經歷過多次手術、深度心痛、癌症、極大的喜悅、甜蜜的慈悲、深刻的掙扎、起起伏伏、各式各樣的事，一家人總是堅持到底，享受樂趣。我們一起生活，也一起努力奮鬥。

桑雅、我和幾個兒子一起搬到田納西州默弗里斯伯勒。不久以後，有一天，我忙著做一些事，小兒子威廉當時五歲，和阿姨待在一起。我去接他時，她告訴我，威廉的態度很不尊重。

威廉直到今天都是個說真話的人。我倒車回家，在路上我說，「威廉，你為什麼不聽阿姨的話？」這是我對他說的第一句話。

他說：「我不知道。」我再問一次，他又回答相同的答案，我判斷他是在找藉口。我轉入家附近馬路時，我說：「威廉，我會給你時間，等開到馬路盡頭，給我一個答案。」（這真不是教養的最佳時刻。）他還不夠高，隔著儀表板他沒辦法看到路的前方，知道馬路盡頭就快到了。我當時自以為是在教養孩子。我們朝馬路的盡頭前進，也駛向威廉的判決。

出乎意料之外，威廉突然問我八乘八是多少。我看著他。他在思考，眉頭看起來有些皺，眼睛顯露著好奇。但我以為我知道他究竟想做什麼。他想要轉移我的注意力，這樣我就會忘記，他也不必面對不恰當行為的後果。

我發出智慧的微笑，同時回答這個簡單的乘法問題。「六十四。」隨後便直截了當地回到原來的主題。「威廉，我的問題答案是什麼？」

我開到馬路盡頭，他盯著儀表板幾秒鐘，然後說：「六十四乘以六十四是多少？」他怎麼知道要戳我的致命弱點，數學是我一輩子的掙扎和失敗。我看著威廉，把車停下來，有點惱怒地說：「威廉，我不知道。」

他迅速回答：「我也不知道。」

在那瞬間，我突然看見這個寶貴孩子的善良、信任和純真，在我第一次問的時候他就已經說了實話：「我不知道。」他知道自己陷入麻煩，甚至看不見馬路的盡頭，但他堅持著愛，相信我的問題一定很好，因為我，他的爸爸，在問這個問題，但不知怎的，爸爸就是不懂。威廉給了我慈悲，在他脆弱和信任的愛中，給了我恩典。多年後我仍記得這件事，我很感激，也仍然遺憾。

二十多年後的一個晚上，我們正在說話，威廉說：「你們知道嗎，爸爸媽媽，我們一直都在一起。我們去度假，所以我想，你真的很喜歡和我們一起出門。」他停頓一下，「然後我終於想起來。我們好像比其他家庭有更多的掙扎，我現在才發現這是因為我們總是在一起。」

我笑了，因為他說的沒錯！因為我們在一起，所有在關係中發生的事，也都與我們在一起。我們彼此爭論、不斷溝通、一起哭泣、痛苦掙扎還有歡笑慶祝。當孩子長大離家，我們要向生活過往告別，然後花時間回憶。當丁尼生要去上大學，我還記得威廉向哥哥道別時哭了，不是因為他們永遠不會再見，而是因為生活要再度改變，所以我們尊重這個現實。

威廉說得對。我們生活在一起，所以彼此之間會產生更多摩擦和誤解。我們對自己所愛的人做錯愈多，就會愈後悔。如果我們深愛一個人，他們離開時我們會想念他們；如果我們深愛一個人，我們也會傷害他們。

對你和孩子的過去感到悲傷和遺憾，表示你關心。悲傷告訴你，你不再珍惜擁有的東西。如果你的孩子不再需要包尿布，請回頭看幾年前的照片，你再也無法回到那段時間，它過去了。如果你覺得很傷感，表示你知道某人、某事對你很重要。

遺憾以類似的方式運作。遺憾代表，我們發覺錯失的機會和過去的錯誤。這是一件好事——特別是如果我們不讓錯誤來定義我們如何擔任父母。遺憾讓我們知道如何負起瞭解自己是誰的責任。不過諷刺的是，教養子女的任務是在給我們缺乏智慧的階段，唯有透過生活的體驗，我們才能看見如何能夠用不同的方式做事。

一切都說完也做完，接下來我們需要做夠好的父母。成為夠好的父母，代表真正善於做人。換句話說，全心全意的父母能夠容忍痛苦的關係和後悔。這樣的人可以保持人性（不完美以及笨拙），並讓孩子也保持人性。透過親密關係，我們找到滿足感。

作為人類，當我們完全與自己、他人與神建立關係時，才能夠活得充實滿足。我們可以遵守所有規範，但如果我們不能悲傷、掙扎、奮鬥、面對後悔，便無法擁有愛、親密和信任。

深入探索

・花點時間製作一份清單，上面寫出一些時刻——你為無可避免的生活痛苦而捍衛自己，不讓自己完全體驗美好時刻的喜悅。然後閉上眼睛，嘗試在心中描繪清單中的每件事。想像一下你要如何去感受這些時刻，然後你可以用畫畫、寫詩、拍照等方式來表達你對喜悅的感受。

・遺憾。著名美國歌手法蘭克·辛納屈有一首膾炙人口的歌曲《我的路》（*My Way*），裡面描寫到遺憾，但他並非這世界上唯一遺憾的人。花點時間想想你的遺憾，特別是對孩子。寫信給孩子（寫信不見得要寄出，重點是要開始寫）。請求原諒永遠不嫌晚，請敞開自己的心扉，彌補錯誤。這樣做對你所愛的人和愛你的人都很重要。

・請對孩子說你有多麼愛孩子、多麼欣賞他們的作為，請說出至少三件事是你以前從不曾說過的。在餐桌上說說家裡的事，可以從「我還記得從前……」起頭，這樣是一種很好的說話方式。提醒自己，擔任父母職責所帶來的祝福，相較於教養的痛苦和壓力，一切都是值得的。

第 5 章 失敗不是選擇，而是無可避免的

成功不是結束，失敗不會致命，重要的是堅持的勇氣。

——英國首相邱吉爾（Winston Churchill）

我（奇普）的兒子丁尼生出生時，妻子桑雅的產程很不順，因此孩子一出生便馬上送去加護病房，以便照顧產婦。我後來終於有空到小兒加護病房，還記得當時透過玻璃窗探視兒子。我不曾抱過他，桑雅也沒有。孩子看起來好小。我還記得他抬起頭轉向一邊再躺下。經歷過剛剛所有壓力和掙扎之後，站在那裡看著孩子，我深深被打敗，淚水從臉上流下來。我朝玻璃窗向內看，給出一個又一個承諾：「我永遠不會讓你受到傷害，我會一直照顧你。我會永遠在你身邊。」我不斷加入新的承諾，每個承諾都是真心實意。

當我們帶丁尼生從醫院回家時，我已經開始以各種方式擺脫這些承諾。這不代表我所做出的承諾是錯誤或愚蠢的，而是一位父親致力於愛兒子的純粹表現。這些承諾都是我在真正接受基本的情緒和靈性真理之前所做；但生活具有種種問題，因此我經常失敗。我們愛孩子的欲望越大，愈必然會面對失敗。

我記得兒子中學的時候，桑雅和我都希望他參加一個全國性領導力計畫，所以督促他成為其中一員。許多「往正確方向走」的孩子都做同樣的事，我們不希望他錯過建立未來履歷的機會。雖然他多次告訴我們不願意，但我們相信他不願意參加只是因為還不成熟。我們不斷施壓，他也繼續抗議。最後他說：「我會故意面試失敗。」他沒通過領導力計畫面試。我確信他讓面試官相信他不感興趣，面試官確實聽進他說的，不像我們做父母的沒在聽。事後我記得說：「我想他真的不想參加。」我還記得自己想著，兒子錯過了大好機會，同時又想，他不是會想要參加這種事的人。但我們自認為懂得很多，所以沒有聽他說話。我們對他的想望使我們不聽他說話。

這並非是我們兩個人之間第一次發生這樣的互動，多年以後，我記得他說：「爸，你想要聽我說話，還是你只是想告訴我該怎麼想。我寧願自己犯錯，也不要試著做你認為**最好最對的**。」在那一刻，我又看見我需要改變的地方。我一直把努力的焦點放在我想要他做什麼，而不是他想要說什麼。為了達成我認為最好的，將父子關係置於危險之中。許多父母都像這樣，以孩子的進步為由，卻使親子關係發生問題。

但這不表示我們從未要求孩子做他們不想做的事情，而是代表我們需要注意傾聽他們的心聲。我們必須不斷提醒自己，我們的親子關係不是一塊白板，任憑我們為他們寫下最好的生活。

當我們能夠看見並接受自己的失敗和錯誤時，便可獲得一種美妙得難以置信的機會，能夠繼續與孩子一起成長。當我們父母放下自私的欲望，變得偉大的時候，我們就會放棄表演，找到更多自由，成為真實的自我，陪伴著孩子。我們並不是在參加某種教養競賽，不必登上領獎台，也不會獲得金牌。

當我們生活在失敗與恩典的糾結悖論中，將會從完美的沙山上墜落，像其他人一樣開始生活在地上，父母與孩子一起。《新約．馬太福音》記載了一個故事，耶穌曾說過同樣的事。門徒問祂一個非常類似「沙山」的問題：「天國裡誰是最大的？」（18:1）如果耶穌帶領一個教養育兒研討會，這個問題會變成：「我如何成為最好的父母？」耶穌便叫一個小孩子來，使他站在他們當中說：「我實在告訴你們，你們若不回轉，變成小孩子的樣式，斷不得進天國。所以，凡自己謙遜像這小孩子的，他在天國裡就是最大的。」（馬 18:2–5）祂對門徒說了這些話，這些是與祂最親近也最認識祂的人。他們每天都聽見耶穌的訊息，這些訊息是愛、謙遜、人的無能為力、臣服和勇氣。其中有些人（最親密的朋友彼得、雅各和約翰）去過一座山，耶穌在那裡向他們顯現全部的榮耀，耶穌的外貌改變。三個人還在那裡看見以利亞和摩西，並聽見上帝的聲音，傳達對耶穌的喜悅。經過這一切，他們還是沒辦法完全掌握耶穌所要傳達核心主題的訊息。

盡力而為、做最好，都不是重點；你沒辦法拯救自己（或孩子）於水火之中，這不是你的工作。像我們所有人一樣，門徒也都希望他們的情緒和靈性安全感來自於成功。「告訴我如何成為最好的，我會盡力去做。給我充實生活的五項任務，讓我知道自己做得很好。」

門徒像我們一樣，投入一種奠基於羞恥和恐懼之毒的生活方式，這種系統要求績效而非陪伴。這樣的衝突經常存在於教養子女中。

作為父母，我們希望得到贊同，超過我們想要得到關係。孩子的生活比成年人更真實。我們需要順從改變。

力量與陪伴

作為父母，我們在養育、指導、教導和訓練孩子方面發揮著重要作用，但作為父母的權威和責任，則來自於我們早出生，具有較多經驗，因此也應有較多智慧。成為父母不必通過測驗。孩子不期望我們完美，而是需要我們有人性。完全成為一個人的基礎，是保持謙遜，這也是所有孩子此生所需。

我們的生活經常與孩子出現權力爭鬥，這些爭鬥大多來自我們內心。我們對孩子有所安排，孩子自己也有安排，兩者之間經常互相衝突。在更深層次中，我們對孩子的規劃，也使生活陷入困境：孩子並不總是如我們所願地行動。

除了處理這些更深層的內心問題，我們經常迫使課題能讓焦慮消失，變成「施行我的意志」。我們發揮力量，透過公然強迫、隱蔽操控，或被動撤退、忽略來達成目的。有時則會發生相反的事。我們害怕孩子痛苦和失望，於是放棄我們的責任。我們姑息孩子，對他們讓步或安撫，我們有效地讓孩子的情緒或心情變成情緒勒索。當我們不知道該怎麼做，我們會放縱孩子讓孩子成為決策者，使他們免於悲傷、努力奮鬥和遺憾。

所有父母都會做類似的事，畢竟我們是人。通常控制孩子或被孩子控制的衝動，並非來自我們內心的惡意，而是來自無法辨識的恐懼。當我們的意志與孩子的意志發生衝突時，我們只有三種選擇：

1 發揮力量。

2 讓步。

3 認清發生的事，運用智慧、能力、溫柔和真實性，來承諾我們和孩子的心靈。

我們絕不是說父母與孩子發生的所有衝突都是深刻的內心掙扎。人類都是自私的，想要照自己的方式進行（與眾不同是一種選擇，但需要實踐）。我們也不是說教養時時刻刻都要成為這種諮商式過程，大多情況並非如此。通常父母最先也最好的行動，是設定限制、暫停處罰、守規矩等。但我們要說的是，在情緒、精神和心理方面，孩子的所作所為很多其實都是在向我們提問：「和我在一起，你的心是否夠大、夠深、夠成熟、夠智慧？你會好好愛我嗎？」

作家兼教師艾倫德博士（Dan Allender）談到愛的四個特徵，對於教養子女（以及任何重要關係）都至關重要[1]。

1 **為對方的存在欣喜**。我們能夠歡慶和接受孩子的奇蹟和美麗嗎？（在孩子上中學之前，大多數父母這點都做得很好。）我們能否看見孩子更多的好而不是壞，仍否看見孩子的真正面貌？

2 **好奇對方的心**。作為父母，我們是否願意嘗試瞭解孩子的天賦？我們是否願意退後，看看孩子故事中隨時間推移而出現的主題？我們是否能夠很好地承諾孩子全部的心，即使和我們希望的不同？

3 **願意因對方行為而受傷**。我們是否願意變得富有同理心，想像孩子的內心世界是什麼模樣？當孩子心碎，我們是否也願意心碎？我們能承受孩子的痛苦嗎？

4 **願意阻擋對方的路**。另一種說法是忍受限制。為了孩子好，我們是否願意擇善固執，阻擋孩子的自私，並與他們保持關係？要做到這一點，我們需要能夠堅定保持關懷和智慧，並容忍孩子的失望和不滿。

這四種愛的特徵是關於教養子女的日常，需要一輩子執行。這些特徵不是我們在關係變化過程中的指南，我們作為父母的存在，會使孩子得到祝福或傷害。我們付出愈多的真實自我，孩子就愈好。就像祝福會產生感恩，傷害也將帶來寬恕。

記得如何變得像孩子一樣

變得像孩子一樣，尤其在心靈表達方面。表達心靈是我們真實的語言，總是維持孩提的純真。「回轉成小孩」，有一種方法是記起或再次學習如何哭、笑、玩。這是孩子帶給我們的禮物之一。孩子可幫助我們重新覺察生活的經歷，並再次尋求幫助，不具有自我意識的批評，自由自在做人。

某個下雨的暑假早晨，我（史蒂芬）走進大客廳，看到四個孩子，從十七歲到十二歲，聚在一起堆積木蓋塔樓。有人把小時候的積木組拿出來玩。

與孩子不同，我的行程在暑假依然不變，照舊起床、祈禱、運動、淋浴、更衣、抓一條蛋白棒，然後前往辦公室。我的頭腦裡充滿了平日早晨的想法：**我要走了。手機在哪裡？咖啡在哪裡？今天的行程是什麼？**

當我穿過廚房收我的東西，有個孩子讓我看他們蓋的塔樓，我心裡突然起了一個念頭：「哦，我們可以一起玩。」我放下鑰匙、電話和背包，開始蓋自己的塔。正如我們家裡經常出現的情況，這項活動在我與四個孩子之間變成一場有趣的競賽，因為這是男人的事，對吧？我們互相幫彼此的塔樓拍攝影片，還故意撞桌子造成別人的混亂。幾分鐘後，我們都站起來欣賞自己蓋的塔樓，互相吹噓，說一些垃圾話。但是，當我們做這些事的時候，女兒正安靜地做自己，在桌子的另一端製造奇蹟。我往上看，她站在一把椅子上，把最後一塊積木放在塔上，塔高到天花板。我們都驚訝地說不出話。我們在桌子這一端做的都是男生的事，她則是做自己。而且她很美，我們都很佩服她。然後我們吃著蛋、喝著咖啡，繼續做該做的事。發生的事情並沒有什麼特別，但是很美，我們只是在一起玩。

我不知道孩子們是否記得那一刻，我不知道他們是否幾年後會說，「嘿，爸爸，記得我們在青少年時期，那天早上我們一起玩積木，你沒去上班，在喝咖啡，我們一起蓋塔樓？」我希望他們記得。我知道我會記得，因為在那一刻，我意識到我遠離了沙山，和孩子一起在冰上，在一起體驗生活。這就是陪伴的所有意義。我們需要將這些時刻放在心中，做上標記，記住它們。這些記憶是我們失敗的解毒劑，也是遺憾的安慰劑。

失敗與寬恕的悖論

最好的教養時機與我們想像的不一樣，是在我們做自己的時候，其中又以事情搞得一團亂的時候，我們最能顯現自己。有一個重大悖論是我們必須接受的，在我們失敗和孩子心痛時，往往是親子關係最接近的時刻。生命最困難的事之一就是接受這一點：我們無法解除對別人所造成的痛苦，別人也無法解除對我們所造成的痛苦。這就是寬恕的基礎。「我知道我傷害了你，但我無法徹底解除你的痛苦或修復損傷。」或者，「你在我身上造成這種痛苦，你卻沒有力量醫治我。」

能夠看見自己的失敗，這樣的父母為親子關係帶來了希望。不過諷刺的是，我們的悲傷、認識和所負的責任，正是對我們對孩子無盡的愛和希望的聲明。如果我們不能覺察「我是在傷害孩子」，我們對孩子是毫無希望的。健康的父母會尋求寬恕，不健康的父母則尋找理由，說「我很抱歉，但是……」巧妙地讓自己成為受害者，孩子成為加害者，要求孩子對父母的情感負責。

「我很抱歉因為你遲到而大吼大叫，但你應該先打電話。」

「當我心煩意亂的時候，給你釘子碰，真是太糟糕了，但你的反應是那樣，叫我該怎麼辦？」

「你讓狗沾滿泥濘的爪子走在地毯上，請原諒我過度反應，但這塊地毯要花一大筆錢。」

寬恕的力量

拒絕謙虛，為自己的行為和反應負責，這反映在「他們盡力而為」的聲明中。許多人說「我父母已盡力而為」藉此規避自己的內心想法。他們用這句話證明自己父母的行為正當。這些人提供廉價的寬恕，試圖讓自己擺脫困境。「我父母盡力而為，所以我也做同樣的事，盡我所能。」

坦白說，我們非常需要尋求寬恕，作為一種謙遜的生活方式。我們為愛所做的任何努力，都像潮水一樣起起伏伏。

我（奇普）記得幾年前來尋求幫助的一位傑出醫師J. T.。他是獲得國際認可的醫師，也曾是一家知名學術醫院的專科負責人。J. T.的妻子八年前死於癌症，由於先生的醫師職業和長期酗酒，她和孩子一起被拋在一旁。

J. T. 一直有計畫地想減少工作和回家，但不是因為配偶罹患癌症。妻子生病後，他便請了九個月休假。在這段期間，他與這位多年來一直錯過的女人之間有著和平和親密，也有動盪和絕望。在她努力掙扎活下去的九個月間，則與他共有相同的經歷。在妻子去世前，他在家裡度過九個月，妻子去世後，他更是變本加厲地酗酒。

坐在我面前的這位男人，現在清醒而冷靜，有一副沉重的男中音，說話緩慢。他多年來封閉自己的心，臉上顯露著年齡、尊嚴和失落的痕跡，就像大自然在石灰岩上的鏤刻。

我請他訴說兒子小時候的事。他講了一個故事，關於他曾經做過的承諾，以及他心中的願望。我問J. T.，他以前怎樣稱呼兒子，J. T. 說，「我叫他強尼。」所以我請J. T. 寫給強尼一封簡短的信，開頭第一句話要這樣寫：

親愛的強尼：

每次想到你，我都想說……

我請J. T. 回到自己心中，憶起他多麼愛兒子。他慢慢地說：「我想要說『我愛你，強尼』。」J. T. 因痛苦而劇烈喘氣，他屏住呼吸一會兒，然後呼出氣，淚水也隨之而下，順著疲倦臉孔的皺紋往下流。他因為悲傷、羞愧和後悔而低頭哭泣。他看見並感受到曾經錯過的生活，因此醫治之門開啟了。

我告訴他寫完這封信以後，我會請他兒子一起來接受諮商，這樣他便能告訴強尼真相。但J. T.說：「拜託，不要，」他來回搖頭，發出呻吟，「我做不到，我做不到。」我說：「什麼意思？別錯過這個機會。是什麼阻止你？」

他往前傾了一下，然後抬起頭，發出沉重的呼吸，痛苦地說：「他會認為我很弱。」他流著淚，傳達了令人痛苦的絕望。J. T.從來沒有聽過家人說「我愛你」，他也沒說過這三個字。他試圖想要得到證明，但這樣做卻使他忘了自己的心，迷失方向。

如果J. T.面對內心的排斥和失落，以及他兒子的失落和當下可能的拒絕，J. T.便能復原。我問J. T.是否願意冒險。一週後，他五十四歲的兒子來到這裡，傾聽他說這三個字，這三個字即使是世界知名、才華橫溢、能力強大的治療師亦為之動容。

J. T.在辦公室讀信，強尼坐在父親對面。當J. T.對兒子讀到「我愛你」三個字，他心碎地哭泣了。

強尼靜靜坐了很長一段時間，然後雙手緊握著椅子扶手向前傾身。他克制但諷刺地說：「太晚了。當時我還需要，但如今我已經成人了。」一時房間充滿了沉默。

J. T.說，「我知道。」他淚流滿面地低下頭。

接著，兒子帶著痛苦的憤怒說：「難道你不知道從前我需要你嗎？」臉上帶著痛苦地問道，「你不知道嗎？」他往窗外看了一會兒，多年來隱忍的眼淚開始流出。強尼轉頭看著父親，他痛恨流淚。

「我很抱歉，」J. T.說，「我愛你，強尼。對不起。」

強尼討厭父親打破了牆，卻也欣喜。然後他說，「但是爸爸……」兩個男人一時都因悲傷而啜泣。後來老人站了起來，兒子也站起來，互相擁抱。

在寬恕中誕生的愛，向彼此打開大門，醫治過去，開啟未來。

除非我們接納失敗，在愛中成長，並生活在對彼此的依靠中，否則我們無法成為應有的模樣，孩子也會錯失我們陪伴的祝福。

強尼接受了父親這個來自天上的禮物。一個情緒和靈性健康的人，願意尋求寬恕。健康的父母尋求寬恕，他們永遠都會說：「對不起。」

我們需要在生活中實踐如何給予與接受寬恕。我們需要這樣做，特別是父母，因為每天我們都可能傷害孩子，孩子也可能傷害我們。

善有善報，惡有惡報

如果我們是尋求寬恕的父母，便可做好準備去接受孩子能給父母的最豐盛禮物。直到孩子長大之前（至少二十四歲），當孩子來到我們面前，訴說與我們在一起的感覺，其中不見得都是好話，事實上有些具有傷害性，甚至令人害怕。孩子說：「我真的受到你們教養的傷害和驚嚇。」

通常這種情況是發生在孩子結婚或生孩子時。到時候他們已二、三十歲，會對自己說：「我向媽媽學會如何待人接物，向爸爸學會如何使人害怕。」等到結婚幾個月或幾年後回來探望父母，他們說：「我們家裡發生過一些瘋狂的事。」

如果孩子可以回家這樣做，而我們也可以承受這種重量，我們便擁有他們的心。如果他們可以說出父母失敗的原因，我們可以看著他們並說：「我很抱歉，你需要什麼？你覺得怎樣？現在它怎樣影響你的生活？」此時此刻，我們才會明白自己當時是否為夠好的父母，如今亦為夠好的父母？孩子與我們相處，孩子的自由一部分呈現在能對父母說出：「你是一個人，有時會令人受傷。」我們將心給予孩子，孩子日後也會將心給予我們，我們便能和好。

滑落沙山

因此作為父母，我們需要提出的問題，不是區分等級和成績的「我要怎麼做？」而是「我在做什麼？」要讓自己成為孩子所需要的。前面的問題是以自我為中心，後面的問題是以關係為中心。「我要怎麼做？」這是沙山的問題，「我在做什麼？」是關係的問題，引導我們在冰上行動，這個問題實際上類似於「我是誰？」和「他們是誰？」只是更加好奇、更開放、更謙虛、更樂意、更勇敢、更有吸引力，因為這個問題使得孩子既能與父母相處，又能保留自我存在的空間。

從沙山上墜落，讓我們得到自由，對另一個人的生活更感興趣。生活不再只關於我們自己。我們放慢腳步，開始對孩子的生活感興趣，發現孩子有很棒的話要說，使我們感到驚訝，並一次又一次發現孩子對生活具有無比新奇的想法，他們才剛試著想釐清這些想法。

一旦我們接受「失敗無法選擇」的事實，生活的痛苦亦無可避免，我們有未竟事務，必須要建立關係，能做得最好的是笨拙，便不會對自己感到羞愧。我們不會一直試圖用孩子來重建過去，我們變得不再擔心別人的輕蔑。一旦我們接受失敗是無可避免的，便可自在生活於冰上，有時華麗滑冰，有時釋懷對所愛之人所做的笨事。

擺脫了劇本和課題，全世界便向我們開放。我們得到自由，可以接受自己的限制和錯誤、勝利和歡慶，因為成就不再能定義我們，而是愛定義了我們。我們的定義是愛與寬恕、同在與真實。我們不再試圖假裝自己是別人。

擁有這樣的父母，孩子知道自己是被愛的。這樣的父母將在悲傷或歡慶的掙扎與奮鬥之間體驗生活，使得教養不再關於成功與失敗，而是關於愛與親密。

如果我們有一顆能夠面對限制的心，如果我們有一顆能夠悔改的心，如果生命中有人能告訴我們：我們是誰、我們對他們的影響；如果我們能夠說「原諒我」，然後我們便能得到自由，變得夠好。

我們必須在心中根植能賦予生命意義的事物，這表示我們必須面對寬恕、幫助和指導的需求，願意成長。這麼做可使我們變得更有愛心、更喜悅、更平靜、更有耐心、更寬容、更大方、更忠誠、更溫和、更能自我控制。上天用愛的力量和憐憫來接受我們的弱點、失敗和侷限。生命不是由我們決定的，但可以熱情參與。我們獲得自由，不必執意讓結果變好。

深入探索

．有時我們是在老鼠洞上建造一座山。寫下生活中你與孩子一起做過哪些非常重要的事。如果你認為有未竟事務參與其中並發揮作用，一定要寫下來。把對這些事的反應寫下來，說明這些事如何竊取你的喜悅，奪取你對孩子的歡喜。你需要放手讓其中一些事過去嗎？還是你覺得值得堅持到底？請慎選戰場。

．考慮休息一個晚上，脫離「教養」，專心用一、兩個小時讓孩子高興。一起大笑。歡笑不絕。

．這週晚餐時，請孩子問生活相關的問題。嘗試排除一般的表面問題，想辦法聽見他們真正的想法、感受、夢想、希望和恐懼。你不需要給答案、解決方案或建議，只需要保持好奇。如果這種嘗試對你來說很新鮮，不妨先列出問題。提出這些問題可以讓孩子知道你在乎，你也在努力。以下是一些入門的問題範例：你有沒有白日夢？你的朋友想要做什麼？如果你有一家店，你會販賣什麼？如果你可以成為超級英雄，擁有三種力量，這三種力量會是什麼？如果你可以改名，你會改成什麼？

- 如何操縱孩子才能讓他們感覺不出來？為使孩子快樂，確保不給自己找新的麻煩，你如何與他們交換條件？
- 你上一次感覺自己實在對教養無能為力是什麼時候？你的反應如何？

第二部

外在（我和你）

第 6 章 先戴上自己的面罩

萬一發生緊急情況，氧氣面罩將從上方隔間掉落。袋子可能不會膨脹，但氧氣暢通。請先戴上自己的面罩，再協助同行旅客。——空服人員

幾年前，我（史蒂芬）受邀前往肯亞，擔任東非一群傳教士所舉辦會議的主要發言人。海瑟和我認為這對孩子來說是一個擴大世界觀的好機會，所以我們決定利用這次行程順道進行家庭旅行。這是一次令人驚嘆的家庭冒險活動，千載難逢，充滿歡笑和忙碌的旅程。我們總共搭乘六個航班（每次飛行都要搭三班飛機）。每次上飛機，無論我們是在美國、歐洲還是非洲，空服員都會給旅客相同的指示（有時會用數種不同語言）：「萬一發生緊急情況，氧氣面罩將從上方隔間掉落。袋子可能不會膨脹，但氧氣暢通。請先戴上自己的面罩，再協助同行旅客。」

大家都聽過警告。但如果飛機突然失去高度，面罩從層板上落下，想想會發生什麼事。一片混亂，沒有人能夠思考，個個都很恐慌。父母首先會救孩子，導致他們自己的生存機會降低。先戴上我們自己的氧氣面罩，是為孩子和自己所能做的最明智、最勇敢的事之一，但大多數父母卻在此處失敗。

當我們開始醒悟到孩子需要安全的情緒和靈性基礎，以建立充滿活力、一致、真實、親密的關係時，我們也會發現這樣做的意義。作為父母，首先必須善於照顧自己。我們無法給孩子自己沒有的東西。如果我們不先戴上自己的氧氣面罩，當壓力指數上升時，我們便無法提供孩子所需。

照顧自己需要勇氣

對許多父母來說，很難做到照顧自己，然而做起來雖不容易，邏輯上卻並不困難。我們總是能有時間照顧自己，儘管這句話是陳腔濫調，我們很多人都習於規避照顧自己的掙扎。照顧自己真正困難的地方在於內心。當我們需要上洗手間時，照顧自己可說是一種勇於實踐的行為（特別是媽媽），甚至可說是奇蹟出現的時刻。

「照顧自己」對父母來說如此需要勇氣，原因在於，即使戴上自己的氧氣面罩所需的時間再短暫，感覺就像我們為了照顧自己而不顧別人。事實上，我們照顧自己是為了更能夠好好照顧他人。

我們需要休息，需要反思，需要復原。安息日的誡律是在歷史上某個時刻所定，當時的人們如果不起床辛勤工作，生活可能會變得更加困難和混亂。如《聖經》所述，上帝說：「這一日你無論何工都不可做。」這條誡律令人感到非常衝突，因為當時的人們恐懼於「如果今天不工作，明天可能沒飯吃。」才開始過安息日。上帝問道：「你會照顧自己嗎？你會休息嗎？你能讓我給予你、裝滿你，所以你才能反過來照顧別人嗎？」

照顧自己除了讓身心都明顯煥然一新，將這種紀律融入育兒生活的真正好處，則在於情緒和靈性方面。照顧自己，可以阻止愛的強求和煽動產生危機，能使生活減速。當我們首先戴上自己的氧氣面罩，呼吸暢通，因此能夠覺察並瞭解周圍發生的事。這使我們能夠負責、明智，而不只是有反應。身為與孩子同在的父母，能夠轉而面對**孩子的**混亂，為他們提供安全和照顧。當我們不再空轉，便能給予孩子更多。

照顧自己如此具有力量、神聖又有必要，但若不實踐，亦同樣會造成危險。作為父母，我們大部分的混亂來自內在。我們善於往某個方向前進，但卻有另一種感覺。我們的心是分裂的。我們善於偽裝而不表現真正的自我。我們在變幻莫測的焦慮沙丘上過度運作，這是無法長久的。我們的控制意圖占據了全部的注意力。不過諷刺的是，在愛孩子的名義下，當我們精疲力盡、壓力過度、分身乏術時，最後卻會在情緒上拋棄孩子。

空服員提醒我們先戴上自己的面罩，沒說的話卻是「如果不這樣做，你們兩個都會死。」父母教養子女的時候，採取的姿態絕大多數都是「我要先給孩子，然後才給自己。」這麼做合情合理，表面聽起來是父母願意為兒女犧牲，看起來很有愛心，不過卻也可能是一種非常以自我為中心的教養方式。

我們先給孩子，所以才會覺得自己像某種類型的父母，好像父母想要努力贏得或證明某些東西似的。對於生活和教養子女，有某個觀點認為必須努力工作才能休息，「唯有努力工作，多做一點，才能問心無愧地休息。」以這種方式做父母，教養方式會變成一貫的機械化反應，因為我們是找孩子需要照顧的事情來做，而不是真正照顧孩子，所以一天結束時當然會精疲力盡。我們不希望孩子認為我們是反應型父母，也不希望孩子視自己為負擔。

事實上，如果我們好好照顧自己，所付出的努力就是真心、誠摯的心心相連。我們愈久沒有重新回歸和補充，教養就愈不真實、愈缺乏愛。可悲的是，太多的父母不會為自己的幸福負責，最後無法盡己所能，只能忙著安排生活事項，苟延殘喘，遑論孩子成長茁壯。

知道該什麼時候停止

當我們有一段時間沒有明智地實行自我照顧，會容易恢復童年時期的生存策略。許多父母都沒有發現自己需要照顧，直到一切已經太晚，只能一夜又一夜躺在床上，什麼都無法給孩子。當他們每日精心安排的行程被打斷，憤怒的脾氣便會爆發，因精疲力盡而淚流滿面。

知道自己何時需要休息，是開始照顧自己的基礎，也是能夠真心實意愛孩子的基礎。我們可以用四個英文字簡單發現自己的需求：

Hungry（飢餓）

Anxious（焦慮）

Lonely（孤獨）

Tired（疲倦）

用這四個英文字各取字首，可組成另一字HALT，意思是「暫停」。如果不注意「暫停」，便會漸漸開始運用腦幹（又稱為爬蟲腦）。行動愈是發源於腦幹，我們會變得愈加直覺反應和原始。當我們營養不良（飢餓），沒注意需求（焦慮），關係失去連結（孤獨），缺乏休息（疲倦）時，便會不自主進入自我保護模式。

當飢餓和憤怒結合，身體便會感到不適，血糖開始下降。有一位家長打趣道，我們可能會「餓到在孩子身上淋莎莎醬，會一口把他們吃下去。」焦慮是未解決恐懼的基礎表現，如果不妥善處理，我們容易變得過度控制或屈服於憤怒，最後變成待人就像處理問題一樣。

當我們孤獨，需求沒有從其他成年人得到滿足時，會期待孩子能夠超過我們對關係的需求；當我們疲倦，沒有得到足夠的休息時，最後容易輕率做出決定，並隨著情緒起舞，無法處理情緒。

我們如果不注意這四種需求，容易行動過度或退縮。過度行動如：發怒、不悅、指責；行動退縮包括：遲疑、發呆、沮喪。無論行動是過度或退縮，都是因為我們想以不正當的方式來滿足不正當的需求。當我們發覺自己有這四種需求，需要「暫停」，便可開始以正當的方式讓自己慢慢復原。

量身訂做

在生命不同階段，照顧自己所需要的方式也不同。孩子還小、孩子比較大、孩子已長大成人搬出去住，不同的情形都會影響我們的需求；如何做才能符合需求，並沒有一個可通用的公式。成為夠好的父母，表示需要足夠靈活、成熟，能隨機應變，以適應整個家庭的變化。生活不斷在變化，我們亦隨之改變。隨著孩子的成長，我們亦不斷成長。

如果缺乏自我照顧的能力，待人接物會以一種較為自我中心、容易煩躁、短視的方式（這個原則也適用於婚姻和工作）。先戴上自己的氧氣面罩非常重要，這樣做表示我們足夠瞭解自己，知道什麼對我們有用。

我們所有的要求似乎都至關重要，但卻很少。自我照顧看起來很困難，是因為我們不常這麼做，不實行自然就得不到照顧。為了實行自我照顧，我們首先要建立和保持自己獨特的節奏、方式和操作。為了能夠好好照顧自己，我們要知道有用的東西是什麼，才能提供所需的氧氣。你的心要怎樣能夠復原？適用於別人的方式不見得適用於你。

如果我們無法復原，便無法給予。人類有個真相是：我們有點像樹木，必須獲得養分。

我們所需最重要的食物，是靈性和情緒的復原、補及、救贖和重新再造。我們瞭解自己需求的唯一方式，就是找到自己的極限。我們必須知道自己的極限，才能擁有美好的生活。

藉由瞭解並保持自己的極限，我們可以為所愛的人提供更多，因為我們不能提供自己沒有的東西。當生活壓力大，先戴上自己的氧氣面罩的確違反直覺，但當我們有能力可以提供給他人時，我們最關心的人便可以獲得情緒和靈性養分。孩子的養分來自父母。為了孩子，我們必須好好照顧自己。

好好照顧自己的四個基本要素

每個人的復原方式都獨一無二，但想要好好照顧自己，有四個基本要素：睡眠、祈禱、運動和關係。為了養育孩子、婚姻生活愉快，每天需要大約八到十個小時照顧自己。聽起來很瘋狂？這不僅有可能，也很必要。

以下是照顧自己的好方法。首先，每晚要睡七到九個小時。想要建立照顧自己的良好習慣，其中最能讓我們獲益的一件事，就是每晚都能安睡。不過有很多人做不到，造成有害的影響。二〇一三年蓋洛普民意調查顯示，美國有百分之四十成年人的睡眠時間少於所需。[1]不睡覺會增加嚴重健康問題的風險，如肥胖、心臟問題（心肌梗塞、心臟衰竭、心律不整）、高血壓、中風和糖尿病。還會增加易怒、注意力不集中和心不在焉的情況。

等到我們能夠每晚睡七到九個小時以後，便可以開始注意另外兩個小時。在新的一天展開前，我們需要在早上進行三十到四十五分鐘的反省、冥想和祈禱，融入日常習慣，這麼做的好處遠大於進行「靈性成績單」上面的靈修安靜時刻。禱告與健康之間的關係一直是許多科學研究的主題，哈佛醫學院赫伯・班森醫師（Herbert

Benson）發現了他所謂的「放鬆反應」，這種反應發生在祈禱和冥想期間[2]。放鬆反應發生時，身體的新陳代謝降低，心跳速率減少，血壓下降，呼吸變得較為平靜、有規律。這一點至關重要，因為今日美國超過一半的人生病去看醫師，多半是由於壓力和焦慮相關的疾病所引起，例如憂鬱症、高血壓、潰瘍、偏頭痛、無精打采等[3]。

第三件事是每天活動身體三十到四十五分鐘。雖說需要時間為內心世界補充能量，也需要時間照顧身體，但不必加入健身房或僱用私人教練。照顧自己很簡單，例如三餐後和家人一起散步，動動身體便能得到很大的益處。如果你已經在做運動，這樣很好，如果還沒有，不妨從每天走路三十分鐘開始。每天養成這樣的習慣，遠比日後可能做不到的運動計畫和飲食控制更有效益。

其餘照顧自己的時間，需要做的就是與朋友建立關係。女人需要與女人共度時光，男人則需要和男人相處。除了家庭以外，父母雙方都需要值得信賴的活躍同性關係，在這種關係中，與核心家庭以外的同性人士分享內心。我們需要能滋養心靈的人際關係，但父母經常會因建立親密友誼關係而感到擔心、羞愧和內疚。

矛盾的是，男人教男人如何愛女人，女人教女人如何愛男人。男人需要與其他男人共度時光，女人也需要與其他女人共度時光。他們需要冒險說出生活的真相。這不僅僅是訴說當天的事，還需要彼此傳達內心。父母（和配偶）常常會感到疲倦，這往往是由於缺乏與朋友之間情緒和靈性的親密關係。

當我（奇普）的幾個兒子都長大後，桑雅會去參加女性的聚會，她說：「我們家充滿男性激素，我連自己的聲音都聽不見。」男孩們上高中時，桑雅的三個兒子身高都超過一八〇公分，大嗓門、粗魯、又餓又臭。我多次發現，桑雅與其他女性出門共度時光，回家變得煥然一新。她會和朋友一起出門散步再回家，心情變得比較輕鬆，不被堆積如山的家事所吞噬。

但如果你和朋友出去是為了逃避生活，就和朋友相互談論生活、說真話是兩回事。時間很寶貴。當我們把自己的時間浪費在逃避現實和打混，會變得更加憤恨、孤獨，並且無可避免地會花更多時間逃避。

如上所述，男人需要與男人一起補充能量，女人也需要與女人在一起補充能量。男人能給女人的有限，女人能給男人的也有限。男人必須得到其他男人的愛，才能愛女人。如果男人不知道如何與男人相處，往往會要求妻子讓他們成為男人，但女人不善於幫助男人成為男人，幫助不大。當男人希望女人讓他成為男人時，會讓女人成為母親或情人，不是性愛對象，就是照顧他的人。男人會向女人尋求慰藉，而非想要建立關係。通常情況下，一個女人會與丈夫成為性愛對象或照顧者，和其他女人在一起則不會。這種動態表示婚姻能量的消耗，缺乏補充，在這樣的動態中，孩子也會受到影響。

女人也是如此。女人需要和其他女人在一起，才能愛男人。當女人沒有和其他女人在一起共度時光，則會與丈夫分享生活（母親、妻子、女兒、姊妹、朋友、領導等），結果往往會感到孤獨，覺得丈夫不瞭解自己，使得丈夫成了經濟來源或工作同事。

照顧自己的四個要素，可提供婚姻中情緒和靈性親密關係的能量，一個充滿活力的婚姻具有相乘效果，使家庭中的孩子更加受益。

有所需求

我們的內在都有GPS，邀請他人分享內心與親密關係。要成為真心實意的父母，進行補充能量的自我照顧，我們需要傾聽內心的聲音，瞭解自己的感受和需求，才能呈現真實的自我。自我照顧大多來自於願意承認自我需求，並學習如何滿足這些需求。

照顧自己是一種傾聽自我和學習的態度。為了好好照顧自己，我們需要傾聽自己的需求。奇普的書《心靈的需要》對人類一些基本的情緒和靈性需求具有全面性的探討，簡單整理如下：

歸屬：需要被接受為一個具有情緒和靈性的存在。

重要性：個人天賦需要受到欣賞。

安全：需要有一個「地方」可以努力奮鬥，並在努力奮鬥中得到支持。

撫觸：需要身體的撫慰（無關性愛）。

悲傷：需要體驗和表達日常生活中所經歷的損失與代價。

注意：需要被認識、關心、照顧、甚至滋養。

性愛：男人和女人需要皮膚接觸，感受和表達舒適。

指導：需要別人指示我們如何做一些生活中從未做過的事。

成績：需要——①知道何時達到邊際遞減效應，當收益減少，應該要停止；②歡慶重要事物的獎勵；③可推動我們前進的事物，完成後休息。

支持：不斷反映需求，並為需求不斷補充能量。

傾聽和信任：當我們訴說生活種種與生命故事時，需要別人聽見我們的心聲；需要有人守候、傾聽。

自由：需要擺脫壓迫，能夠充分生活，互相深愛，良好引領。

樂趣和遊戲：需要參與活動，讓我們可以完全顯露人性，而非自覺或自我批判。

尋找並確定這些需求，使我們能夠瞭解自己需要什麼樣的照顧。承認我們有需求，我們便能負責任，更有想法、智慧。

照顧自己反受害

當我們並不是由衷想照顧自己，反而常常會因照顧自己的方式（通常很有效）造成損害。父母在進行自我照顧的時候，最常見的兩種損害是情緒變化和一心多用。

情緒變化是不當自我照顧的結果。許多人都很熟悉或曾有過個人受害經驗，其中有三大類影響物會導致情緒變化：酒精、藥物和毒品（處方和非法）以及性和欲望。對於會導致情緒變化而致使關係受損的事物、行為、過程，我們人類可謂有無限的創造力。包括：

- 焦慮和控制
- 工作
- 睡覺
- 憤怒
- 賭博
- 吃（或不吃）
- 運動
- 電視
- 電子產品（社群媒體、遊戲、電子郵件、簡訊）
- 電玩遊戲
- 運動節目
- 孩子的活動
- 宗教
- 心理憂鬱（不可與腦神經性憂鬱症混淆）

・娛樂（電影和音樂）

另一種不當自我照顧則是一心多用。無論我們怎樣努力，人類都無法在情緒上執行多重任務。我們一次只能做一件事。執行多重任務會導致我們缺乏情緒和靈性存在，最後造成我們無法好好去愛。唯有打破自以為可控制結果的思維循環之後，我們才能找到真正的情緒和靈性自由，使手中操縱的雜耍球掉到地上。放棄控制的自由具有深刻的意義。

藉口和誤會

當我們在演說中提出照顧自己的主題，特別是觀眾群中有基督徒時，我們會得到一些提問，例如「如果我是基督徒，是不是應該抬起十字架，把別人放在第一位？愛別人難道不代表要把自己放在最後？」答案很簡單——不是。我們並不同意。上帝造我們也賜予我們，所以我們能夠施予別人。我們需要好好接受照顧，才能富足而施予，不致匱乏。「抬起你的十字架」表示承擔愛的責任，每天都要接受生命的痛苦，感受痛苦，真正地愛別人。我們生活在充滿希望的故事中，但困難的事並沒有少，看似不可能發生的事也沒有少。

作為父母，我們承擔孩子的心痛，如果我們如實承擔則會心碎。這些全都是我們要背負的十字架。

如果不想要生活在這種程度的痛苦和服務中，我們就不要以為自己是耶穌。我們生活在接收的憐憫之中，因此也開始對自己憐憫。我們所收受的憐憫源於需求。耶穌說「愛鄰如己。」這是一個等式，其中一部分關乎照顧自己。這種說法可以改成「我們愛別人（和孩子）如同愛自己。」如果我們只服務、奉獻、犧牲，從來不接受，會變得空虛（也愈來愈痛苦）。照顧自己就是要確保充實富足，而非枯竭匱乏。需要良善和憐憫溢滿，淹沒了身邊所有的人。

「放下你的生命，揹起你的十字架」這句話對許多人來說，解釋為「要做更多」，但我們必需考慮這個想法的真正含義。

每天放下生命、揹起十字架，主要攸關放下我們的課題（自我意志）和釋放自我（虛假自我）。大多時候犧牲自己並不會讓事情變得更好。當我們放開心胸，堅定地同在，較能覺察到周圍有需求的人需要我們提供什麼。以這種方式參與並表現在孩子的生活中，就能夠祝福他們。

當我們開始放下自我，放棄我們的課題時，會漸漸較能接受上天邀請我們參與的事。這不同於努力使世界更美好，而是一種不同的態度，是一種更有愛心、溫柔、優雅、寬容的態度。這種自我意志的課題顯示：「盡己所能，做得更好，做得更多。」我們不僅是人類，行動更像個人類。

善用幫助，照顧自己

我（史蒂芬）經過數年的婚姻和育兒時間，才開始瞭解到，照顧自己對於擔任丈夫、父親、朋友和我所希望成為的人，是多麼基本和重要。多年來，無論在正式或非正式情況下，我都沒有好好照顧自己，根本沒花時間重新充電、恢復活力和康復。當時我的想法是，如果「只注意我自己」，家裡就會發生不好的事情。我非常依賴妻子。我堅信使家人滿意是我的任務，和家人愈親近，對他們的感受和需求必須愈負責任。簡言之，如果家人不好，我也不好。我與海瑟的關係便是如此，她與孩子的關係亦如此。

當時我生活在幻想中，以為自己是**利他**的，但其實真相是我完全以自我為中心。我無法給予別人真實的我。我對自己的照顧根植於自我保護，這是從小便精心打造出的情緒生存策略。當時我無法清楚說明，但由於經歷過創傷，以及抵抗上帝創造我的誓言，我相信：「如果我能讓別人好，那麼我就能保持自我控制，他們會需要我，我永遠不會孤單，最重要的是，我不會受傷。」我以為我比上帝更清楚。

對於認識自己的需求，合理照顧自己，負責照顧別人這三者，我都缺乏情緒成熟和靈性智慧。我不可能冒險每週一天晚上與一些親近的男性朋友出去，或每週去做幾次運動，每年和好友們一起週末旅行兩三次。以愛之名，我卻是自私的。我有毒的核心思想、基於羞愧的信念，使別人無法真正瞭解並愛我。在我生命的那個時刻，我相信個人價值來自於能夠為別人做的事或所能取得的成就。我並不相信上帝因我而喜悅歡欣。我並不明白，一直以為上帝希望我做好人，好好做事，這就是我的生活。我無法認清上帝並不總是對我失望。這種生活方式導致對海瑟、孩子、我自己和上帝，私下都產生不少埋怨。

像許多人一樣，我生活在一座瀰漫焦慮、沮喪、羞愧、自我倚賴的情緒百慕達三角洲島嶼上。在我心裡，問題像海面下飢腸轆轆的鯊魚一樣盤旋：接下來該怎麼辦？

結果會怎樣？要是有人看見真正的我怎麼辦？因為我倚賴別人，生活一片混亂。我要海瑟和孩子好，才會覺得自己好。

依賴別人，代表需要別人能認同我們的幸福快樂（只有你覺得我好，我才算真好）。我們愈是愛一個人，愈想從對方那裡得到愛，就愈可能依賴對方。很多成年人與自己、別人和神的關係都是類似模式，但這種以自我為中心的關注，往往在父母和孩子（以及丈夫和妻子）之間最為嚴重。在父母和孩子之間的關係中，這種依賴的能量流動會透過以下三種方式。

第一種方式是父母對孩子。在這種關係模式中，父母缺乏容忍孩子失望和厭惡的能力。在這種情況下，父母過度重視親子關係的和平與歡樂：「如果小強尼不開心，那麼媽媽、爸爸就不開心了」。這會表現在親子關係整個生命週期的各種情況——從午睡時間、學前班、大學，到婚禮，甚至照顧孫子女的領域——主要是父母無法跟孩子說不。

在第二種依賴的教養方式中，孩子對父母的安全感負有過重責任。這種動態會發生兩件事。首先，孩子認為這是身為孩子的工作，以確保父母得到照顧，不要太煩惱或沮喪。其次，父母要孩子在情緒上安慰、鼓勵他們，並反過來補償父母所缺乏的東西。在這種關係中，父母對孩子的期望是一種不健康的奉獻、愛、欣賞和尊重。父母經常試圖讓孩子彌補其他關係中所缺乏的東西，往往是想要從孩子身上得到原本希望從自己父母身上得到的肯定和關注。父母尚未對自己的情緒和靈性需求負責，在婚姻和其他成人關係中缺乏健康的親密關係，心中帶著未被醫治的毒性羞愧，往往想讓孩子滿足他們受傷的心。

父母與子女之間的第三種受損關係，是前兩者的組合：父母對孩子再對父母的關係。在這種關係中，父母和孩子之間的關係異常緊密，顯示嚴重缺乏健康的界限。這種關係最好的情況是焦慮，最壞的情況則類似於情緒亂倫。這種關係彼此糾纏，使得父母和孩子都得不到自由。親密的親子關係本身並不是問題，但當關係的界限變得模糊時，會導致父母和孩子角色和責任的混淆。這種關係混亂對雙方都具毀滅性，並會隨孩子進入成年、婚姻關係和日後成為父母的教養方式，都產生深遠的影響。解除這種糾纏是一項困難而重要的工作。

這三種受損的關係，具有不同的嚴重程度。父母或多或少會依賴孩子，這取決於父母在自己生活中的表現。此外，父母和孩子之間的共同依賴類型，通常同一家庭每個孩子都不同，例如父母與兒子可能是第一種方式（父母對孩子），與女兒則是第三種方式（父母對孩子再對父母），與第三個孩子則是第二種方式（孩子對父母）。在多代家庭（兩代以上共同生活）、混合家庭（由一對夫妻和孩子組成的家庭，孩子來自目前和從前的所有關係）或兩者的混合，家庭關係可能是一團亂的共同依賴，關係功能不良。但基本而言，所有這三種關係模式都會得到同一個結果，降低孩子發展情緒的韌性，以及維持親密關係、擁有精神活力、塑造和保持自我獨特個性的能力。父母因為對關係的需求，而利用了孩子的自我意識。

你可以透過以下這些問題，判斷自己的共同依賴程度。你現在的生活中（或在你長大的過程中），你是否曾經：

- 相信你會觸發別人的情感。
- 相信你可以讓人心情不好或心情愉快。
- 相信你可以用行動驅使別人。
- 相信你有讀心術（別人不說就知道他們需要什麼）。
- 觀察怎麼做才能讓別人好，所以你也跟著會好。

如果我們在一個共同依賴的家庭中長大，並且未曾充分解決問題，便很可能會以相同的方式撫養孩子。或許我們在長大過程中形成了取悅父母的個性。當我們長大以後有自己的孩子，我們會認為，對孩子負責表示預料他們的需求，修復他們的感受，讀他們的心思，為孩子做這些事等於愛，但實際上卻等於控制，是在讓孩子遠離感覺、需求、表達，甚至預防孩子為學習必須犯的錯。我們努力掌握情況，以免遇到麻煩會有不好的感覺。

假如我們來自這樣的背景，那麼幾乎無可避免的是，我們很難照顧好自己，由於我們認為孩子會發生一些令他們感到悲傷、受傷或恐懼的事，這表示我們必須要解決這些問題，否則就是失敗的父母。如果我們讓孩子失敗，表示我們恐怕不再能擁有愛，若我們為了別人的快樂去塑造自己的個性，會擔心別人不快樂而導致愛的終結，就會因此活在恐懼中。

重新裝滿

空的東西都需要重新裝滿，因此，我們的工作是不斷讓自己重新填充，因為孩子的安全來自於父母的力量。父母的力量就是讓自己能夠得到補充，才能保持強大。不過諷刺的是，正因為有所需求，我們才能保持強大。匱乏的需求是我們可以給予孩子的最好禮物之一，因為匱乏持續使我們的心強大，能夠與孩子一起參與分擔。

以耶穌為例，祂花很多時間休息。追隨祂的人愈來愈多，耶穌常離開人群，獨自祈禱，恢復精神；耶穌常常小睡、休息、玩耍、和朋友一起吃飯，經常分享並獲得。生活在關係緊密的社群中，擁有親近的朋友，形成了祂的生活，滋養了祂的心（彼得、雅各、約翰、瑪利亞、馬大和拉撒路是《聖經》中耶穌最親密的伙伴，耶穌善於處理自己的匱乏和需求。）

我（奇普）在以色列時，清晨五點半從耶路撒冷到距離六英里外的伯利恆，買了兩顆西瓜想與朋友分享，然後回程搭公車回耶路撒冷。搭車時我想到，從耶路撒冷走路到伯利恆不知需要多長時間。耶穌和門徒安步當車地走了六英里，我想像他們跟著耶穌學的畫面，累了在路邊樹蔭下休息，一起聊天、祈禱、大笑。從「時間就是金錢」的角度來看，耶穌浪費很多時間，原本都可拿來傳教和醫病，卻花時間祈禱、休息、吃飯和大笑。試想，祂花了很多時間休息恢復，並與天父交談，也與朋友交談和分享，而非花時間醫治和教導人們。

最深的根結出最大的果實，根需要大量養分才能生產。因此，我們得到的照顧愈多，就愈能創造。成長、成熟和智慧來自於接受而非生產，我們不能施予沒有的東西。如果父母希望孩子安全、自信、聰明、時時陪伴，最好自己的生命中也能擁有這些東西，這樣才能給予孩子。

深入探索

- 你是否能夠容忍孩子對你感到失望和沮喪，還是想要解決、修正？
- 你的孩子自由度有多高，能不照顧或逃避你的情感嗎？
- 你有什麼很喜歡的事物，但很長時間都沒有繼續？重新開始這個活動需要什麼？
- 你今天需要停止做什麼？你需要對什麼說不？

第 7 章 爬上夢想之山

上帝的榮耀是人充滿活力，人的生命就是上帝的見證。
——聖愛任紐（Saint Irenaeus），早期基督教神學家

一旦我們能掌握照顧自己的重要性和行為，便更能做好準備，全面負起責任，幫助孩子充分活出即將寫入生命的獨特故事。如《聖經》所述，每個孩子都是依照上帝獨特的形象所創造，上帝創造孩子，是為了看看他們被創造的模樣，做他們所該做的事，活出生命的故事，彰顯造物主的特性；世上沒有兩個人是以同樣的方式反映或彰顯上帝的榮耀。

我們父母受到召喚，與孩子深深連結，以幫助他們發現並充分活出自己被創造的模樣。我們父母的終極責任是盡一切可能，幫助孩子充分活出自己獨特的故事。這是

一個幫助孩子攀登夢想之山的大好機會。

自從開始學習做父母的那一刻起，我們便抱著夢想和意見，對孩子有所希望。我們參與他們的生命，想要知道所有細節，並誓言不讓他們重蹈覆轍。我們祈求他們的生命擁有豐厚的祝福，想像他們未來的模樣，也希望他們有最好的生活。

與孩子一起生活的過程中，我們對孩子的夢想和願望，一次又一次與我們的心發生衝突，這些夢想和願望不符合孩子生活的實際狀況。我們的希望、想像、祈禱、誓言、期待、想法和夢想，與孩子的天生模樣、生活的故事完全不可能吻合。孩子與生俱來的方式和氣質、天賦、興趣、好奇心和召喚，往往無法創造出我們為他們描繪的故事。孩子的故事或許是我們夢想的一個版本，但從來不會是完全相同的劇本。他們不見得有父母所期望的成績、朋友圈、髮型、身高、體重、配偶、成果，他們的故事也保證與我們所希望的不同。有時候，他們的生活會比我們曾夢想、想要過或想像中更加精彩；有時候，我們會懷疑他們生活的故事是否有任何顯見的弦律或理由；也有時候，生活中會突然發生扭曲的悲劇，讓孩子心碎，連帶使我們心碎，混亂、碾壓我們。

如果我們誠實面對自己，務必放棄我們想為孩子撰寫的故事，轉而接受神為孩子寫下的故事。有些父母從一開始就要面對這些事，希望生男孩，來的卻是女孩，一直計畫懷孕，結果卻走上收養的道路。甚至驚訝地發現孩子有嚴重的健康問題或遺傳疾病。有時候，我們的夢想和孩子的故事間有差異，多年來已不證自明。就如所羅門王的告誡：「教養孩童，使他走當行的道，就是到老他也不偏離。」（箴言22:6）。

登山工具

孩子想要攀登夢想之山，在情緒和心靈兩方面都需要父母的幫助。我們的主要職責便是促進孩子具有更好的生活。前面說過：「教養孩童，使他走當行的道，就是到老他也不偏離。」理解這句箴言的一種方法是，我們應該根據孩子的愛好加以撫育，當孩子長大能離開父母獨立，能夠重視並認識到自己獨特的天賦，此時他們對自己與生俱來的模樣將堅信不移。但這句箴言卻經常轉變成一種強制鑄模、塑造孩子的方式，成為符合父母創造的模樣，好像孩子出生時是一片空白，交由父母寫下屬於父母的故事。實際上，這句箴言是說每個孩子都是獨一無二的，具有屬於自己的故事、天賦、個性、興趣和存在方式——這些都是出生即帶來的。

神在每個人心中都寫下一句獨一無二的話，孩子學習這句話的完整意義，需要一輩子時間，我們作為父母的職責是關注孩子，傾聽他們的心，並開始幫助他們培育和認識這份獨特的故事。上天創造我們和孩子，都是要以每個人獨特的方式參與創造美好事物。

攀登夢想之山需要行動和投資，也是一種在自己心靈領域中的內在旅程。因此，為了幫助孩子攀登夢想之山，我們必須透過以下數種關鍵方式，與孩子的心靈層面相連：

- 解讀
- 認識
- 引導
- 鼓勵
- 放手

解讀

我們必須成為孩子故事的好讀者。想要解讀寫在他們心中的故事，我們必須要與孩子足夠親近，以瞭解孩子的傷口、羞愧和侷限，知道他們的侷限，也要知道他們如何被創造，還有他們的尊嚴和熱情。這代表好奇和欣賞孩子的模樣，抱持這種態度來教養孩子。我（史蒂芬）與大衛．湯瑪斯一起在《狂野的事物：培育男孩的藝術》（*Wild Things: The Art of Nurturing Boys*）書中也提及了這一點。

我們不需要對孩子進行什麼科學式紀錄，但確實需要關注孩子生活中的細節，好傾聽他們說了什麼、沒說什麼。我們需要和他們在一起消磨夠長的時間，好研究並聽取他們的意見（即使他們沒說什麼）。我們需要在他們說故事時，傾聽他們所說的是什麼，同時也需分辨他們沒說的是什麼。當他們與同儕互動時，我們需要加以觀察，並聽取其他關心孩子的人他們對孩子的回饋。[1]

認識

當我們不再將孩子「視為」為父母所創造的模樣，才能說真正認識孩子。父母得到授權，對孩子在靈性方面的生活有職責，必須為他們揭示、告知真相，這就是認識孩子心靈的真正意義。認識孩子並不是指出生證明上的文字，而是指對情緒和靈性層面的認識。我們認識孩子的心，並用言語表達出來，這是一種極大的祝福，因為這樣做能夠協助孩子創造自我的模樣。當我們以正確和智慧的方式，面對孩子的真相說實話，將能成為孩子一生值得依賴的信任指南。

反之亦然。如果我們愛孩子，卻採取沒有建設性的教養，便可能會對孩子有偏頗、錯誤的認識，可能導致孩子數十年才能恢復。棍棒和石頭或許會打斷骨頭，但往往還是言語傷人最重。侮辱、拒絕和貶低就像一柄會刺傷孩子心靈的匕首，具有強大的力量。當我們錯用權威去解讀孩子時，孩子羞愧的無形傷口可能會持續很長時間，並且往往深遠。

引導

為了讓孩子能夠攀登夢想之山，我們需要鼓勵、挑戰、邀請、懇求和指導他們的心靈，以表達熱情、親密生活、正直誠實。孩子需要我們的幫助，知道如何以及何時表達內心的起伏與激動。但即便孩子的生命中有關愛和努力投入的父母，他們從小也會學會隱藏內心並掩飾自己。教養孩子的心靈，往往像是在玩捉迷藏，由於重視孩子的心，我們必須要自問：「今天孩子的心在哪裡？去過哪裡？」

儘管我們想要盡力相信孩子，但有時也必須面對可能的欺騙和偷偷摸摸。孩子所說的不總是實話，但有時雖然他們想要誠實，卻缺乏洞見和生活經驗，因此不知該怎麼做。當然我們也可以用霹靂小組般的猛烈方式來衝擊孩子的心靈，但這麼做很不明智，因此必須要以一種更微妙的方法來幫助孩子表達心靈。孩子無法自行釐清生活的問題，我們可以學習馴馬師在馬兒耳邊輕聲細語的方式，引導孩子往自己與生俱來獨特的模樣走去。這個過程的重點在於親子間密切的關係，而非教學指導，重要的是建立親密關係而不是掌握教育內容。親密關係真正的意義在於站在對方的立場「透過孩子的眼睛看世界」，而教學指導是關於表演、執行和掌握。保持親子關係與教導孩子生活是什麼，兩者大不同。為了引導孩子，我們需要問孩子一些問題，例如：

- 你需要什麼？
- 你有什麼感覺？
- 你的夢想是什麼？
- 那對你來說是什麼感覺？
- 你怎麼認為？

鼓勵

下山總比上山容易，想要孩子攀登夢想之山，需要給他們很多鼓勵。鼓勵的英語是encouragement，語源很有意思，是來自十五世紀初期的古法語encoragier，意思是「使強壯、振奮」，把字拆開分別是「放入」（en-）、「心中」（*courage*）。

有些時候，孩子會受到誘惑失去心靈，心中滿是疑惑，苦苦思索「我有能力和條件嗎？」、「我值得嗎？」等問題。這些時候，孩子需要我們的幫助，才能守住心。在掙扎困苦中，他們需要真正得到鼓勵、同理心、支持和肯定，但不要過度承諾、安撫或錯誤保證。作為父母，我們需要關注孩子的方向。我們受到召喚，要將所擁有的一切帶入他們的生命中，因此愈能掌握自己的心，愈能帶給孩子。我們自己的生命中擁有愈多的熱情、親密和誠實，愈能真誠地體現在他們的生命中。

放手

最後這一步，可能是幫助孩子攀登夢想之山最困難的一部分。為了讓孩子攀上夢想之山，我們作為父母必須非常善於引導孩子，轉而面對神的旨意——在孩子的生命中寫下更多的痛苦、快樂和「卓越」的故事，這些都是我們所做不到的。要是讓我們自己寫孩子的故事，孩子都會獲得金牌。當然，我們或許會加入一些困難掙扎，只是為了讓孩子以為是自己努力奮鬥爭取得到的；但最後，他們都會很快樂、富裕、聰明，態度從容。

如《聖經》論及，上帝卻不害怕讓心痛、心碎和苦難進入我們的生活，這些都是上帝用來塑造我們的心靈和生活的一些要素，以便我們成為愛的器具，也成為上帝更偉大故事的器具，但是對孩子的父母來說，這種提議卻非常可怕。

安全平坦的土地

我們往往會讓孩子不要攀爬夢想之山，以免他們日後必須面對心痛，我們也無須面對心痛。但當我們進行這種控制行為時，等於是在強迫孩子無法成為他們被創造的模樣。

父母努力保護孩子，停留在低期望的平地上，孩子能夠保持安全，孩子永遠不會被生命中的困難問題所挑戰，例如神是否存在？上帝真的愛世人？等等。

如果孩子往上爬，他們保證會跌倒、墜落、受傷。他們很可能會失敗，因為內心的渴望大於現實所允許的，只能經歷某種形式的剝奪感，必須詢問關於自己、父母和神的困難問題。

我（奇普）還記得兩個兒子分處於兩個不同的大世界，卻有相似的心靈危機。桑雅對我說：「我想，我們搞砸了對孩子的教養。」

「嗯，當然，這是肯定的，毫無疑問。」我說。

她繼續說，「我們抱著很大的希望去教養他們，他們卻受到生命的傷害。如果我們撫養孩子長大，使他們勇敢相信自己的生活需要運用心靈之眼，但如果我們錯了怎麼辦？」桑雅就像我們很多人一樣，自幼便對這個信念習以為常：「期望不要太高，以免失望受傷。」

我回答說：「不、不、不，我也很害怕，但不是這樣。孩子是上帝所創造，與心靈共存，這表示有時會受傷。我當然希望不會，但只能懷抱希望。」我們養育兒子，讓他們能夠希望、夢想、受傷，再度夢想。我們給他們悲傷的空間，也給他們歡慶的空間。以這種方式生活更有價值，所以會受更多傷。當然父母會瘋狂搞砸一切，想要加以控制，但是我知道一個事實：無論好壞，我們被創造都是為了希望，無論發生什麼，事情再大都有希望。

神創造我們和孩子，是為了充分體驗生命，從最低潮到最高潮。但很多時候，我們看見山有多高，因此最後我們自己創造（為孩子量身訂做）一個可預測的溫和世界，讓所有人都能夠採取中庸之道。但一個中庸的世界並不存在，作為父母，我們必須承認，並非所有人都希望孩子充分體驗生命，而是希望他們的生命能夠過得安全快樂。如果我們不能容許孩子攀爬任何比蟻丘還高的東西，便能確保孩子的夢想很小，容易管理，或者更糟糕，孩子完全放棄夢想。

攀登錯誤的山

父母在這方面所犯的另一個錯誤，是讓孩子選錯了攀登的山。我們將自我意識和心痛強加給孩子，造成他們的負擔，使得孩子成為我們過去的囚徒。這可分為兩種情況。第一種，因為我們已經達成的目標很安全，所以我們也促使孩子追求同樣的目標。第二種，因為我們追求未竟的夢想失敗，所以迫使孩子也追逐同樣的夢想。

孩子生來不是為了攀爬父母的夢想。孩子無法因為支持父母的自我意識而找到自己真實的模樣，孩子不是因為父母過去是否達成目標，而成為偶像、高中第一名畢業、選美皇后或搖滾明星。

當我們談論育兒，雖然說了很多關於上帝的門徒大衛的事，但同時真正想要說的卻是如何養出一個歌利亞。我們希望孩子成功、堅強、傑出、受人尊敬，甚至被人懼怕，我們真正想要的其實是一個贏家。我們希望孩子成為無堅不摧的人，不會被命運折磨；成為巨人，具有吸引力的強者，而不是感受一切的人，正如大衛在《詩篇》中的滔滔雄辯。

如果你已停止攀登自己的夢想之山，或者讓孩子背負起你的過去，那麼你所能想到最好的事，就是孩子會與你斷絕關係，並將一顆心帶去給其他能夠面對他們呻吟的人。透過這種方式，他們可以去追尋與生俱來的模樣，而不是你試圖塑造的模樣。

作為父母，請確保你所攀登的是自己的夢想之山。我們只能幫助孩子活出屬於他們的故事，就像我們活出我們自己故事一樣的程度。這句話值得一說再說：我們所沒有的，不能給予孩子。如果我們不能容忍攀登自己想像、欲望和渴望之山的痛苦，如果我們不能容忍失敗、受傷、失落和失望，如果我們不能得到希望和歡慶，如果我們不能明白為了尋求信仰而進入未知世界的恐懼，我們斷不能滿足孩子的需求。我們能給予孩子的最好禮物，是我們自己身而為人的經驗。

夢想之山的領域

當我們放手並祝福孩子，祝福孩子去攀登自己的夢想之山時，我們便願意讓他們心碎，然後再度圓滿。作為夠好的父母，我們的職責在於放手讓孩子去追求充實的生命，因為孩子知道，攀登夢想的山愈高，就會墜落得愈深。我們為孩子而夢想，也與孩子一起作夢。然而，生命永遠不會像我們所希望的那樣，而是像原本應有的模樣。

對基督徒來說，在生命中和信仰中的成熟，許多都是來自學習相信上帝的故事。上帝的故事是狂野而不可預測的，不受限制，比我們汲汲營營所能為自己創造的生命更加美麗。我們有許多人都非常努力，想要像別人一樣，擁有可預測的生命，那種生命毫無挑戰，也缺乏冒險，最後只變成一種需要別人認可的生命。這並非生命故事所要描寫的，也不是《聖經》的本質。與上帝最親近的人，經常遭遇最艱難的掙扎：背叛、失敗、蹂躪，但也有最非凡的歡慶。「我將幫助孩子攀登他們的夢想之山」，這樣說真美妙，但我們必須瞭解，這麼做表示我們也報名了要一起經歷這座掙扎、心碎和悲傷的高山。

作為夠好的父母，表示無論悲傷或快樂，我們都願意與孩子一同走過，因為生命經歷是全部綁在一起的。

深入探索

- 反省你自己，請開始重新探索，解讀自己、引導自己、鼓勵自己，去做一些真實的事，為你的心、熱情和欲望尋找目的。記錄或寫信給自己和你的神，寫出你的希望還有連帶的恐懼。你也可以報名參加課程、團隊，或召開讀書會等，做些能夠帶給你快樂的事。
- 練習讓孩子從家門出去時，臉上髒兮兮的，衣著凌亂。放手讓孩子做自己，不要擔心別人會如何議論你的教養方式。
- 與配偶或朋友講述你的恐懼如何導致以「安全領域」的方式去教養子女，或鼓勵他們去攀爬「錯誤的山」。這是探索自己未竟事務的另一個機會，並可從信任的人身上得到回饋。

第 8 章

勇敢真實，握住旗幟

不自由，毋寧死。

——派屈克・亨利（Patrick Henry），美國革命英雄

「美國士兵在硫磺島豎立國旗」照片來自美聯社攝影記者喬・羅森塔爾（Joe Rosenthal），可說是二十世紀最具重要意義的照片之一。一九四五年二月二十三日，這張照片描繪了六位美國海軍陸戰隊士兵在第二次世界大戰硫磺島戰役期間，在摺缽山升起美國國旗，旋即成為太平洋戰區的象徵，所傳達的不僅僅是拍照的瞬間，也是美國文化的標誌。這張照片成為美國海軍陸戰隊戰爭紀念館雕塑的雛型，以紀念自一七七五年十一月十日以來，在戰鬥中身亡的每一位海軍陸戰隊員。

在花崗岩雕像的底座，有一個勝利者花圈，圖案內雕刻的銘文引用美國海軍五星

上將切斯特．威廉．尼米茲（Chester W.Nimitz）面對所有參與硫磺島戰役的水手和海軍陸戰隊員所說的話，內容是：「非凡的勇氣乃普世美德」，花圈下方的絲帶上，則刻著海軍座右銘 *Semper Fidelis*（永遠忠誠）。

一九四五年的歷史性時刻是六名男子在山頂共同努力舉起美國國旗。這張照片經過重製，成為一幅五十六英寸乘以九十六英寸的大圖，讓每個人都可以清楚看見美國人登頂。為了控制小島進行了為期三十六天浴血戰鬥，此事件標誌著這場戰役的轉捩點。

縱觀歷史，旗幟一直是重要的象徵。在過去，當軍隊開始作戰時，軍隊的軍團和部隊會有旗幟手。持旗的士兵負責攜帶部隊或軍團的特殊旗幟。旗幟手為每個人提供視覺引導，在戰場無可逃避的混亂之中，指出部隊或軍團的位置。當士兵與部隊走散了，會尋找旗幟手，才知道該怎麼做。

旗幟手經常被殺，因為背負旗幟使他們成為敵軍的目標，原因有二。首先，掌旗具有戰略意義。旗幟必須高揚，以使部隊成員具有視覺焦點，推動部隊前進、後退或整軍。其次，在戰爭中失去旗幟是可能發生的最糟糕事情之一，類似於失去部隊的集體榮譽。從羅馬帝國軍隊到美國內戰軍隊，旗幟都代表榮譽和尊嚴。因此，當旗幟手倒下，部隊其他成員的責任和榮譽就是撿起旗幟，繼續帶著走。失去旗幟是悲慘的損失，表示部隊、軍團或軍隊已被擊敗。

孩子長大成人後會與我們分離。前往攀登理想之山，追尋自己的充實生活。堅守這份崇高的努力，他們緊握並高舉旗幟和價值觀，有助在追尋過程中維持一顆真摯的心。我們在幫助孩子攀登夢想山峰之際，也必須幫助他們真心勇敢地堅守旗幟，維護心靈之聲的躍動。

旗幟手的資源

隨著孩子的成長，面臨許多塑造生命的決定，這些真實的時刻是塑造他們未來模樣的開創性材料。走向成年是一條漫長而曲折的道路。孩子度過童年時期，充滿希望，學習駕馭生活，不過生活的道路有時感覺起來卻像座迷宮。父母、家族鼓勵孩子，孩子有能力遵守共同價值觀和原則，這對於未來他們將無可避免必然面臨的問題，包括內在掙扎、關係衝突和道德挑戰等，如何折衝尊俎都至關重要。孩子真心勇敢掌握旗幟的能力，成為這個過程所具有的主要資源之一，其中至少有四個組成部分，包括：

辨識偉大的故事，保持簡單，增長內心的聲音，並且瞭解行為不是目標。

辨識人類被創造的偉大故事

真心勇敢掌握旗幟的基本要素之一，就是認識到旗幟代表著比自己更偉大的事物。孩子在造物主的偉大故事中，活出自己獨特的故事。孩子需要知道自己是屬於造物主故事的一部分，故事還在繼續寫下去。孩子的熱情、目的和計畫，象徵所背負的旗幟。他們的心靈任務是充分參與瞭解自己如何被創造，精彩充實地過生活，並做他們應做的事，有所不同。

孩子具有天賦，生活在一個有需求的世界裡。孩子在有黑暗的地方，可以帶來光明；在絕望的地方，可以帶來希望；在被破壞的地方，可以帶來創造力和建設；在有損失和死亡的地方，可以帶來勇氣。

與孩子相關的故事愈是偉大，狀況愈好。知道我們是宇宙萬物偉大故事的一部分會有安全感。如果孩子的故事很小很自私，或可減輕一個人會體驗到的壓力、羞愧和孤獨感。諷刺地說，「小」表示一切只與孩子有關，宇宙的存在是為了服務他們。當孩子講述一個只與自己或家人有關的故事時，感覺好像自己是宇宙的中心，包括孩子自己或父母的宇宙。這種壓力和態度，阻礙了孩子的心靈成長和成熟。即使外在有成長，但內在卻因為被賦予了塑造宇宙的任務，而生活在恥辱的肆虐下。

保持簡單

另一個勇敢掌握旗幟的關鍵因素，是讓事情不要變得過於複雜。當生活充滿挑戰，此時倘若孩子還必須縝密計畫，在正確和錯誤、好和壞規則之間選擇，最後生活便會受到表現的束縛。當他們處於情緒壓力中，會變得將注意力集中在外界的認同，導致忽略內在動機和價值觀。能否勇敢為自己站出來，重點在於自己的心。如果孩子只知道如何遵守規則，就會受到同儕壓力的控制。隨著成長茁壯，他們會變得更關心做正確的事。以表現績效為導向的家庭，將愛變成需要贏取的事物，安全感只能維持短暫的時間，自我價值受到肯定與否只與最近的表現相關。如果一個家庭或文化有許多規則，充斥著應該要做的和不應該做的，那麼孩子的思想基礎就會變成恐懼與羞愧，生活受到「應該要做」的控制。

我們來看看《聖經》的故事。《聖經》中很多法利賽人會在規則上面疊床架屋，覺得這樣做才能在上帝面前行得正，讓自己有價值。耶穌最難應付這樣的人，往往說出來的話也最嚴厲。有一位律法師質問耶穌，在所有律法中最重要的是什麼，耶穌便將所有律法和誡命統籌歸納為兩句話：「你要以全心、全靈、全意愛主——你的神」、「要愛鄰如己。這是最大的，也是最重要的誡命。」（馬12:30-31）。如此簡單明瞭。耶穌所提出的這個簡單標準，使我們從律法轉而檢視內心，進行自我審視，並檢討與上帝和別人的關係。

愛人是什麼意思？我們如何愛自己？我們如何愛鄰居？愛一位真神是什麼意思？耶穌的譬喻指出戒律是書卷，但書卷如果不掛在兩個釘子上展開，加以閱讀、討論、進入生活，書卷便沒有用。所有的戒律，所有的書卷，都要掛在兩個釘子上，沒有釘子就沒辦法閱讀戒律和書卷。

在生活中實行戒律的能力，需要內在動力的啟發。我們能夠實現規則，是因為重視關係，「己所不欲，勿施於人」關乎於我們內心的醒悟，明白心靈是一條通往別人的道路。如果孩子把焦點放在贏得別人的認同，便無法關心自己的心靈，變得對別人的感受或思考方式缺乏同理心和覺察。

如果孩子能夠具有內在意識，在試圖攀登夢想之山之際便不會灰心喪氣。當面對煩惱、困難、掙扎和成功時，也將能具有價值觀準則，以他們對造物主、別人和自己的愛作為引導。

心靈之聲的成長

為了生活在更偉大的故事中，並維持內心的準則，孩子需要獲得支持，使內心的聲音得以成長，需要善於理解和表達生活中的情緒體驗：悲傷、受傷、孤獨、恐懼、憤怒、喜悅、羞愧和內疚等。孩子需要他人協助去瞭解如何處理這些感受，否則他們會逃避這些感受，或產生不必要的反應。無論是逃避或反應，兩種都是否認心靈掙扎的形式。造物主創造我們，讓我們能夠有所感受，因此我們必須能夠好好感受，因為所有感受都是上天的禮物，使我們即使在悲慘境地也能活得精彩充實。只能幸福快樂的愛是非常薄弱的。由於痛苦和美妙的事物能夠清楚揭示心靈，因此可傳達堅實的愛，並顯現真正的個性。

具有心靈之聲的孩子會提出問題。我（史蒂芬）記得曾在一座機場的洗手間，聽見其他父子之間的談話。在我洗手的時候，男孩向父親問了一連串問題：「爸爸，為什麼隔間裡有人？爸爸，你為什麼洗臉？爸爸，為什麼燈那麼亮？爸爸，為什麼……」只要腦子裡想到什麼問題，兒子便如機關槍般質問父親。聽到這種情況，隔間裡有兩個人忍不住開始大笑，於是男孩又問道：「爸爸，為什麼這些人在洗手間裡笑？」這位爸爸是個很棒的爸爸，因為對於每個問題他都說，「嗯，兒子，」隨即盡力解釋燈光明亮，為什麼他要洗臉，為什麼那些人在裡面笑。非常美好。他沒有說，「你問的問題太多了，我沒時間，別傻了。」

隨著孩子長大，這些四歲問題會變成比較複雜的問題：「當你死的時候會發生什麼？」、「嬰兒從何處來？」、「為什麼這個人如此悲傷？」如果我們能以適合孩子年齡的方式，誠實地回答這些問題，會發現問題隨著時間的推移而變得更加複雜：「為什麼這些孩子在學校對我很壞？」、「為什麼我不能像其他孩子一樣唱歌？」、「為什麼我沒受到邀請？」他們會進房間觀察爸爸媽媽的臉，說：「你們為什麼吵架？」當悲劇發生時，他們會問：「神在哪裡？」、「上帝在乎嗎？」、「上帝是好人嗎？」、「為什麼爺爺會死？」、「爸爸什麼時候會從戒毒所回來？」、「媽媽一直都很傷心，這是我的錯嗎？」隨著年齡的增長，問題還會變成諸如：「我會結婚生子嗎？」、「我會一直單身嗎？」、「我會從離婚中振作起來嗎？」、「我要如何面對這種醫學診斷？」

人生大哉問從來沒有簡單答案。孩子的心靈愈是成長，回答問題的難度就愈高。對於內心深處的問題，並沒有能夠令人滿意的答案。神學或心理學的答案並不能使一顆破碎的心得到修補。像這種輕鬆愉快的回答是不可能的：「嗯，我上過神學院，取得心理學博士，具有三個醫學認證，還有ＭＢＡ工商管理碩士學位，所以讓我告訴你神的計畫，一切都會好起來的。」即使答案在概念上是真的，但心靈對關係的需求，卻表示我們需要別人幫助的是感受，而不是大家都理解的概念。孩子需要內心世界的聲音，以及我們在他們生活中的陪伴，以幫助他們保有心靈，進而能夠從心出發迎向生活。如果他們活在別人的認同控制中，將會失去他們的心靈，失去勇氣，無法成為偉大故事的準則承擔者。當人們在心靈掙扎中被接納時，能夠得到最緊密的連結。如果沒有心靈的聲音的揭示和接納，概念只是空泛的答案。

當挑戰來臨，必須面對「你站在哪一邊？」這樣的問題，若孩子有能力充滿信心地面對自己的想法、感受和需求，會使他們堅強，能夠回答：「這就是我的立場，這就是我要說的，這就是我的感受，這就是我所需，這就是我想要的，這就是我的渴望，這就是我的想像，這就是我要做的。這些都是真實、高貴、正確、純真、可愛、令人欽佩、優秀、值得稱道的。」

隨著這些問題，孩子也會想自己是誰。孩子需要父母的幫助才能發展能力，保持內心的聲音，所以當生活中遇到其他人遭遇困難時，他們才知道該怎麼做。孩子需要知道如何說出他們是誰的自我真實樣貌，以及感受、需要和想法。當他們長大成人以後，才能夠進而對配偶、朋友和自己的孩子做同樣的事。

父母愈是能夠容忍自己的感受，生活中愈能得到其他成人的支持，便愈能夠容忍孩子發展個人特色。我們需要以充滿熱情的方式去培養孩子，讓他們能夠擁有自己的聲音，不可以不尊重孩子，而要讓他們能為自己和自己的需要說話。如果能做到這一點，孩子便可擁有充滿熱情的生活，並且願意為一些重要但不舒服的事受苦。沒有憤怒就沒有熱情，作為父母，我們需要有勇氣幫助孩子堅持到底，也要有同理心讓孩子能夠表達憤怒，因為憤怒的孩子才會有生命的渴望。大多數人對於憤怒概念不同，這是因為憤怒是一種非常原始的情緒，經常容易與暴躁和破壞混淆。但純粹的憤怒的確是一種創造力（憤怒可以轉換為渴望、欲求、飢渴、慾念、希望和想要等）。但是想要孩子瞭解如何與憤怒相處，運用智慧來引導憤怒，則需要我們的幫助，下面舉一個例子。

我（奇普）的兒子威廉具有偉大的夢想，想要在高二的時候和弟弟丁尼生一起打棒球，不過由於年齡差距，他們以前從來沒有同場。而時間只剩下一年。兄弟倆在賽季前的夏季和秋季一起進行訓練，威廉在賽季開始時與弟弟一起出賽。在第二場比賽中，威廉卻受了傷，傷勢延續數週都沒有好起來，多年來為了這個夢想的努力就這樣失去了。

威廉受傷後，有一天晚上，我和他離開教堂青年團回家，他異常安靜。我問他在想什麼，他隨即打開心防傾瀉而出：「嘿，爸爸，讓我告訴你一件事。我所有的朋友都告訴我沒事的，一切都會變好，他們都在為我祈禱，最後所有事都會沒問題的，這只是棒球，一場比賽而已。但我要告訴你，這一點都不好，這是我的夢想，是我弟弟和我！如果這是上帝做的，我就不能指望祂；如果這是魔鬼做的，表示上帝是軟弱的。如果上帝什麼都不能做，我也不想再留在上帝身邊了。我受夠了。」

我們駛入車道，停好車。他下了車，砰地一聲關上門，然後走過來鎖車。這是一台二〇〇〇年款別克尊爵，我們稱為「米格魯」，是台破車，因為是四輪兩驅，前座抬高，後座卡住，我不知道為什麼還需要鎖起來。我想也許他需要和我保持一些距離，因為他所說的是他害怕的，或者不敢在教堂裡對朋友說的。

我走到車庫邊的半圓形光線下，他從黑暗的車道走到燈光邊緣，在我來得及說話前，他說：「嘿，爸爸，我說了很多，不過不是那些意思，但我必須說出來，我知道你可以受得了。」

我摸著他的頭說：「我不知道答案，也不懂發生了什麼。我只知道我和你在一起，我不會去別的地方。」於是我們走進家門。

當孩子真心勇敢地舉起旗幟時，我們會受到突襲，會聽到原本不想聽的東西。孩子會抗議生活中發生的事情。但我們必須理解，抗議的核心問題並非在於尊重，而是公開內心的掙扎。如果孩子能夠找到並運用自己的聲音，將更有可能幫助別人，並為別人的發聲大聲疾呼，堅定地與別人站在一起。如果孩子沒有自己的聲音，便不會依照古老的愛、尊貴和榮譽準則奉行生活，這些古老的準則只會變成外部的行為。孩子會懂得如何正確行事、守規矩，卻不知道該如何生活，如何去愛。

目標不在於行為的意識

當孩子真心勇敢地握住旗幟時，必須知道這樣做跟遵守嚴格的期望和行為準則沒有關係。行為準則或許是件好事，但並不是我們人類生活的最高指導原則。我們受到愛的召喚，不是行為的召喚，是勇氣和品格的召喚。隨著孩子的成長，專注在行為（不是品格）的教養，需要增加更多的賄賂、權力、威脅、懲罰和遺棄，於是父母成為警察或監工，而不是導師。

管控家庭行為的準則愈嚴格，愈會阻礙孩子的情緒和靈性面。孩子可以變得很會守規矩，只要父母用獎勵行為或威脅遺棄孩子等羞恥、恐懼的事，來強迫孩子的行為。

孩子可能嘴裡說「是的，爸媽」、「是的，老師」，但並不是真正尊重。還記得一九五〇年代美國電視節目「天才小麻煩」（*Leave It to Beaver*），主角艾迪・海思克（Eddie Haskell）嗎？後來艾迪成為阿諛奉承行為的文化代名詞。艾迪以精心修飾的外表和舉止而聞名，內心卻隱藏著淺薄、自私、鬼鬼祟祟的個性。例如平時艾迪會用誇張的禮貌和能贏得親吻的讚美，迎接華萊的父母瓦德和珍・克雷佛，諸如「克雷佛夫人，您穿的這件衣服真美。」艾迪舉止得宜，但事實上是一隻不安好心眼的黃鼠狼。

我（史蒂芬）幾年前在一所菁英私立學校演講。記得開始演講的最初幾分鐘，我聽見的「是，先生」、「不，先生」、「請」和「謝謝」數量實在驚人。學校管理人員自豪地告訴我學生表現得非常良好，並且最近贏得《聖經》知識問答比賽獎盃。過了幾週，我聽見那間學校有很多上流階級的學生，在一次聚會中被捕。當學校領導階層得知這些學生私下經常濫用藥物和酒精、性行為氾濫，感到非常震驚。

學校一名董事會成員打電話來要求回饋和建議（他的一個女兒和兒子都牽涉其

中），在我們的談話中，他似乎覺得孩子被抓這件事最令他沮喪，而不是學校社團中存在某些組織上的問題，或者他並不真正瞭解自己的孩子。值得讚揚的是，當我們討論這件事實時，他嘆了口氣承認：「我想我一直注重的都只是旁枝末節。」這樣說意思是表示，他過於關注外在行為，而不是內心。他以及他為孩子選擇的學校，將尊重的準則轉變為根據表現好壞的評斷。當我們失去心靈之聲，唯一能做的只有盡力表現或造反。

同時，沒有準則或具有令人困惑、不一致的準則，兩者同樣等於忽視、遺棄和傷害，這樣做比「堅實」期望的忽視，後果更明顯，但同樣有害。沒有限制或採用諸如「只要我所相信的事物不會傷害任何人，萬事ＯＫ」的準則，造成孩子的茫然混沌，只能自己想辦法過生活。他們無從反對、無可質疑，他們感到孤獨。

教養範例

想要幫助孩子「真心勇敢地掌握旗幟」，必須多加理解我們作為父母所具有的內在動機和立場，這樣很有益。用心做父母，最困難的挑戰之一就是創造一種足夠開放的文化，讓孩子有足夠空間學習如何表達自己的內心；但也有足夠的界限在愛自己，在別人的價值觀中維護安全。孩子需要學習、成長的空間，才能成熟，還需要植根於更大的價值觀中。當我們父母保持簡單、創造界限和指導方針時，孩子便有一個空間能夠成長。作為父母，我們的典範是基於兩個連續體（continuum），當兩個連續體相交時，便會為教養的意識和成長創造一種典範。找到這種典範，可以讓我們深入瞭解父母必須不斷地成長。請記住，教養和成長是終身經驗。

第一個連續體介於父母中心和孩子中心的風格之間，第二個連續體則介於自由放任和事事介入的風格之間，兩者產生交集。所有父母都是在這兩種連續體的某個位置上。連續體的每一面都有個別的禮物、限制和危險。在這兩種連續體所創建的典範中，並沒有好壞的差異，但距離中點愈遠，表示我們作為父母沒有專注於心靈。

父母或孩子中心的風格

以父母為中心的風格，教養的能量在於父母。「我是老大」、「我決定電視看哪一台」、「我說了算」、「我說這樣就是這樣」。一言以蔽之，這種情況就是「力量」。

這種以父母為中心的風格，父母是孩子生命中的權威。這種教養法的好處是，孩子可以因為父母有力量而感覺有信心，有安全感。然而，力量卻具有侷限性，而且有時具有很大力量的父母會專橫無情。

在連續體相對的一端，是以孩子為中心的風格。在這種風格中，父母的力量直接針對孩子，「溫柔」是用來形容這種情況的詞彙。「當然，親愛的，無論你想看哪一台我都無所謂」、「當然，你想去哪裡我都開車送你，東西忘在家裡我也很樂意幫你送過去，我再累也要幫你」、「你咳嗽了，過來這裡，讓我量你的額頭」。這種風格的好處是孩子知道自己獲得支持和照顧，並且有一個柔軟的地方可以跌倒。這種教養法的缺點是，孩子在家中可能會有太多權力。父母在連續體上往這個方向移動愈多，孩子愈不能夠培養堅毅和勇氣。

自由放任或事事介入

自由放任的父母往往比較放鬆寬容，因此可避免對孩子進行控制的管理。他們為孩子提供的自由，可幫助孩子發展自己的想法、信心和個人特質。孩子通常有空間表達各種情緒，並從自己的行動中學習。透過這種風格，孩子可以自行設置界限，例如何時上床睡覺、吃什麼、要不要做功課等。這種風格有個風險，媽媽、爸爸往往比較像朋友，而不像父母。另外還可能因為缺乏界限和限制，造成孩子常常放縱自己、自以為是。習慣以自己方法做事的孩子，在遇到高度結構化的嚴格規範系統時，會比較難以適應。研究顯示，父母從未說不的孩子，長大成人後較容易與警察發生衝突，還有濫用藥物和酒精等問題。如果孩子獲得比所需更多的自由，往往存在嚴重的危險。

事事介入的父母傾向於較有組織架構，努力與孩子連結，生活無論大小細節都瞭然於心，對孩子的需求也非常敏感。他們相信自己的期望和課題是最適合孩子的，程度則有高低不同。父母在連續體上多往這個方向發展的話，會變成虎爸虎媽或直升機父母。孩子經常表示要遵守一份行程滿檔的課表，充滿各種活動、課程和指導者，生活經過縝密計畫。如果父母控制過度，孩子可能會難以適應超過慣例以外的事或從沒遇過的事。孩子可能會沮喪和焦慮，甚至社交能力不良。當父母介入的程度過高，會變成過度教養，成為控制者。這種情況的發生，通常是因為他們受到恐懼的激發，試圖拯救孩子免於生活的經歷。

這兩個連續體再結合之下，可創造了一種典範，使我們能夠清楚地瞭解身為父母的角色，在哪些方面需要成長，在哪些方面需要改變。你位於這個典範的什麼位置？請花一點時間畫出自己的情形。

四個象限

象限一：以父母為中心和自由放任的風格

位於象限一的父母，主要驅動力是孩子的獨立性。父母的力量在於讓孩子學習到，世界並不繞著他們轉。孩子看見的父母是具有自己夢想和熱情的成年人，允許孩子犯錯，向自己的錯誤學習，頂天立地，一切靠自己。象限一的缺點是，孩子可能感到孤獨，自己似乎不重要。有時孩子需要的比他們自己或父母所知的更多。如果你是象限一父母，你可能不會讀這本書，而是你的配偶把這部分讀給你聽。象限一還有另一個挑戰，這種父母最後可能會與孩子爭奪家庭資源。

象限二：以父母為中心和事事介入的風格

象限二父母的主要驅動力是孩子的成功（根據父母對成功的不同定義）。這個象

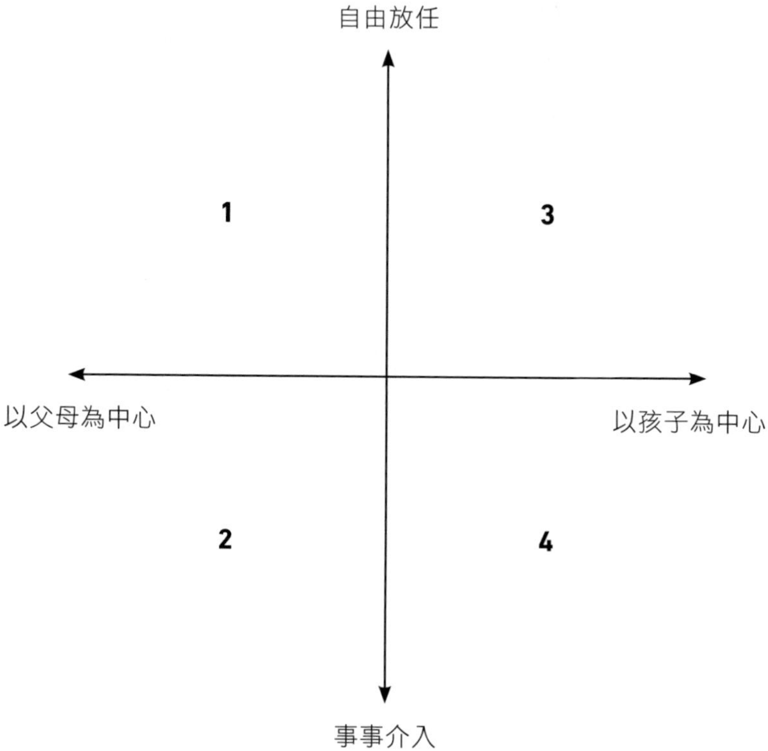
自由放任
1
3
以父母為中心
以孩子為中心
2
4
事事介入

限的好處是孩子忙碌有事做，成就很多，成績好，並可取得很大的成功。父母的心專注於想要孩子盡最大的能力，希望孩子能夠有所成就，父母便會覺得自豪、放心，有安全感。缺點是由於父母試圖控制結果，導致孩子最後變得神經質、焦慮，成為傑出的偽裝者。但即使孩子外表看起來是偉大的表演者，其實內心在情緒和靈性上可能是一團糟。作為象限二父母的產物，這樣的孩子能夠完成任務、取得好成績，成為領導者、醫師和律師，卻很難感覺到有所滿足。

象限三：以孩子為中心和自由放任的風格

象限三父母的目標是讓孩子快樂。孩子知道自己很重要，父母懂自己，理解自己。親子關係中幾乎沒有衝突。但這種父母卻不願讓孩子掙扎受苦，也不願孩子的情感和需求不滿足。象限三父母愈偏離象限中心，愈少教養，孩子可以做任何想做的事。就像《哈利波特》的表哥達利一樣，孩子變成主人。

象限四：以孩子為中心和事事介入的風格

象限四父母的驅動力是想要孩子有安全感。在這樣的家庭中，孩子知道自己被愛，也接受父母對他們生活的指導和輸入。孩子可以取得相當大的成功，但就算孩子沒有成功，也會得到父母的大力支持。但他們通常不鼓勵孩子承擔較大風險。此外，父母可能很難看到和面對孩子性格的黑暗面。最後，極端的情形下，孩子可能要承擔父母幸福快樂的情緒責任。

你在哪一個象限？

在核心家庭系統中，父母雙方都處於同一象限並不常見。為了改進，我們需要問自己在哪一個象限，又需要做些什麼，以便我們能夠更加真心實意地與孩子連結在一起。

提供個人的例子參考。我（史蒂芬）是在象限一（以父母為中心／自由放任），而海瑟是在象限四（以孩子為中心／事事介入）。好處是我們可以為孩子提供一個非常好的平衡點。我們以不同的方向指導孩子，兩者都能為孩子提供一些非常好的東西。我能給孩子的，妻子不見得能給，反之亦然。但也存在限制性，導致婚姻發生衝突。

有時候，我可以拋開羞愧做父母，而海瑟可以拋開焦慮做父母。我想知道我是否會變好，她想確保孩子很好。我作為父親的悔悟，始終是關於孩子生活中所發生的事，以及在孩子面前我如何能夠像個成年人一樣，更有效率，並能夠全心陪伴孩子。海瑟的悔悟則較關注自己和她對自己生活的夢想——她如何能夠實行自我照顧，並且不再因孩子的不滿而變得不安。

教養有一個悖論，如果我們作為父母，想要有所成長，首先必須要注意的是自己，而不是孩子。作為父母，我們必須願意看見自己眼中的刺。當我們能夠確定教養典範的位置時，便可以看見我們需要成長的地方，以幫助孩子保持他們心靈的聲音。希望你能夠在這個模型中看見自己，以及你作為父母能夠成長的方式。

幫助孩子真心勇敢地掌握旗幟，是關於建立親子關係。孩子需要我們不間斷的許可，才能繼續表達心中的想法；孩子需要我們的幫助和指導，才能表達內心所想的事。孩子需要獲得許可，才能對我們說出在其他地方所不能說的話——特別是他們知道，如果這樣做會引發我們自己的掙扎和問題。

我們父母有很多需要轉過身去面對的事物，都是不想看到也不想說出口的。我們問的是誠實的問題？在我們成為自己所被創造的模樣的過程中，是否願意轉過身去面對自己和神？若我們能夠這樣做，便更能夠幫助孩子保持並發展內心的聲音。我們將在這個過程中與孩子自由自在地在一起。隨著孩子的成長，我們也能夠與他們一起成長。我們會認識到，孩子心中的問題，也是我們心中的問題。孩子能夠開始過自己的生活，表示我們是夠好的父母，並且孩子日後也能成為夠好的父母。

深入探索

- 對於不同的孩子，寫下你是哪一種教養方式。根據不同的孩子，你的風格甚至會有所不同。你的教養方式如何使孩子受益？如何傷害孩子？如何傷害或幫助你的婚姻？與配偶分享你的想法，並徵求回饋意見。
- 回答孩子的問題。花時間回應，回答甚至可以是「請晚餐時再問我一次。我上班要遲到了，但我很想跟你談談。」如果你太忙、心裡有別的事、昏天暗地，請老實告訴孩子。孩子懂得通常比我們所知道的更多，他們和其他成年人一樣，能夠認知並且通常會欣賞真相。
- 列出你和配偶為孩子所訂定的規則，一起討論哪些來自恐懼或擔心，因為孩子的行為不是鄰居、祖父母、學校老師所期望的。討論哪些來自你童年時期覺得父母沒有照顧好你的地方。評估哪些要保留，哪些要放手。

第9章

學會與問題共存

想像一個有史以來最不可思議的故事，不過，也難以比你在這裡的故事更不可思議。諷刺的是，故事並不是故事，而是真實的。

——約翰．奧多諾赫（John O'Donohue），愛爾蘭天主教詩人

教養打開我們的心靈去面對生活中一些最重要的問題，因為它關乎我們願意冒險全心深愛。我（史蒂芬）有一些朋友自願到海地一間孤兒院做義工，在那段時間裡，有個孩子抓住了他們的心。費南多是個有趣又迷人的三歲男孩。雖然朋友們和男孩說的語言不同，但與男孩的感情和連結卻迅速發展。接下來好幾個月，他們經常帶著自己家裡的青少年孩子，從美國前往海地，到孤兒院工作，並拜訪費南多。不久後，他們全家開始考慮關於領養的問題，不過有一個大問題：費南多患有嚴重的絕症。

儘管男孩生病了，但他們最後還是帶男孩到美國接受治療，並帶到家裡像自己兒子一樣照顧。經過數週進出醫院，與醫師進行了多個小時的諮商，還花了更多時間祈禱，但費南多還是在與癌症的奮戰中失敗了。在這個過程中，他們愛這個男孩，結果大大地改變了他們的生活，他們心中也充滿疑問。為什麼**我們**會被召喚到這裡？我們做對了嗎？上帝想要什麼？為什麼上帝會引導我們進入如此痛苦的事？一個男孩死了會帶來什麼意義？現在什麼叫做正常？

此時此刻，你作為父母可能有的問題，目前可能不像這樣令人痛苦，但作為父母受到召喚的生活故事，是狂野而有力的。如果作為父母，你願意充分生活並深深去愛，那麼你總會有更多的問題，並且沒有答案。學習與問題共存，將對你與自己，孩子與上帝的關係，產生重大影響。

愛是困難的

孩子雖然小、脆弱、充滿需求，但卻具有令人難以置信的力量，影響我們的心靈。如果我們的心靈對愛自由開放，我們就會被一種比想像中更強大的愛所俘虜。我們沒有辦法，只能改變，因為孩子是我們生命的一部分，我們對孩子的愛，具有一種力量，我們一輩子都必須緊緊抓住。

父母對孩子的愛，使我們發現自己對生活的控制幾乎是無能為力，造成了情緒和靈性上失去平衡。作為父母，最大的恩賜之一，就是它喚醒了我們的無能為力和對上天的需求。我們心中的欲望和實現這些欲望的能力，產生了巨大的衝突。想要的太多，能創造的太少。這使我們必須面對自己的無能為力和匱乏，使我們困惑不安。這是必然的，在這種緊張局勢中生活的方式是重點。

作為父母，我們都想要控制孩子的生活，這是一種無可避免的傾向，目的是為了更容易掌握自己情緒和靈性的掙扎。可悲的是，我們有許多人這麼做都成功了，最後生活在一種朦朧的現實中，一個顯示我們生活多麼充實的模糊版本。然而，當我們變得真正關注生命時，陰霾可以消散，我們可以瞥見所獲得的享受和愛是多麼驚人地豐富。可悲的是，往往是在悲傷和恐懼中，最能清楚看見生命的真相。上天忠誠地督促我們、喚醒我們，並邀請我們進入被創造的生命中活著。往往在最不期望的時候，生命的真相最會來到我們身邊。當這種情況發生時，我們無可避免地必須同時去面對孩子對我們有多麼重要，以及我們的生活有多麼失控。

無論我們準備得多好，生命都會以警報的方式來驚醒我們。在日常生活中，手機不時會響起。我們的心會被生活的現實所籠罩，突然從夢想生活的方式，轉變為實際生活的方式。我們會從錯誤的方向覺醒過來，想起真正重要的事物，以及真心所愛。一瞬間，控制的幻想消失無蹤，我們會直接面對愛的深度和生活的無能為力。在這樣的時刻，生命會放慢速度，所有位置顛倒的優先事項都會消失，剩下的只有最珍貴的事物。

在這些時候，我們會對自己產生疑問。我會沒事嗎？我具備成為夠好父母的條件嗎？我如何過著充實美滿的生活？我怎樣才能幫助孩子和我一樣？我要成為什麼樣的人？我該如何愛孩子？怎樣愛我才算是好？誰認識我？怎樣才能更加做自己？如何才能好好努力奮鬥？

我們對神亦有疑問。這些事發生的時候，祢在哪裡？會和我在一起嗎？會接受我的模樣，愛我這樣的模樣嗎？我在生氣、對祢失望的時候，祢能接受我嗎？

這是一種深奧的悖論，然而這些真理時刻可為我們提供情緒和靈性上的清明，但同時卻帶來更多問題，很少有答案，此生誰都無法免除。正如《等待果陀》作者山繆．貝克特（Samuel Beckett）在《終局》（*Endgame*）所提醒我們的，「你們在地上。

這個問題沒辦法解決。」[1]另一種解構貝克特思想的方法是，生命最重要的問題幾乎沒有答案，即使有幸找到答案，我們也無法長久滿足於這個答案，因為新舊問題很快就會接續浮出水面。沒有答案能使愛安全，也沒有辦法能夠將生命置於我們的控制之下。雖然上帝和我們在一起，但我們是在這個叫作世界的地方，不是在家。

我（奇普）的妻子桑雅帶兒子威廉去看骨科醫師，要照腰部 X 光片，腰痛使他無法運動。我們心中略為擔憂，因為他先天有與背部和臀部的問題。到下午五點鐘，醫院快要關門，護士走進候診室，看起來心裡有話。不久，醫師進來，他走到威廉身邊說：「孩子，我們在你脊椎上發現腫塊，是一種腫瘤。」然後他把額頭貼在威廉前額上，說：「威廉，我們會竭盡所能為你提供幫助，不會讓你孤單無援。」醫師告訴桑雅，這種類型的腫瘤所需要的專業，超出自己能掌握的程度，因此會幫助我們找到合適的人，表示我們必須去巴爾的摩或聖地牙哥。到了晚上八點，他在距離我家三十英里的納許維爾找到了一位專家。

我們受到祝福，擁有一位可以檢查並幫助威廉的醫師，這件事實在令人安慰。但與此同時，旅程才剛剛開始，我們充滿了疑問。手術後他能走路嗎？他會死嗎？是癌症嗎？還有更多腫瘤嗎？這究竟代表什麼？孩子的痛苦還不夠多嗎？我們受到詛咒了嗎？

一個月後，當醫師把威廉從我們身邊帶進手術室，桑雅發出低沉的嗚咽，是每個父母所呼喊的問題。我還能再看見他嗎？沒有我，他怎麼辦？他是我的心，如今我的心被掏出來了，怎麼辦？

桑雅和我感覺無能為力，但是身邊有許多親朋好友都為我們祈禱。我還記得自己是多麼驚訝和感激，有這麼多美好的人都非常關心威廉和我們。護士告訴我們，威廉問她的第一個問題是「我媽媽怎麼樣了？」我想他在被帶走之前聽到了她嗚咽的愛。當我們告知手術的結果比我們希望的要很多好時，他眼睛睜不開，眼淚慢慢從臉上滾落：「好，我很害怕。」

威廉經過脊椎手術漸漸恢復，如今過著充滿活力的生活，感謝天。現在回想這個故事，眼淚很快就會流下來，因為我知道我有多愛威廉、桑雅和丁尼生，也明白自己對生命沒有辦法掌控。我和所有愛人者以及明白自己無法掌控生命的人一樣，心中仍然留有疑問。事情為何最後會一切無恙？接下來會發生什麼事？既然知道心痛是無可避免的，我為何還要如此關心？痛苦什麼時候會好？那些處境更糟糕的人怎麼辦？我該如何成長面對生命的問題？

問題引導我們

借用約翰．奧多諾赫的一句話，我們的「問題提著燈籠」[2]幫助照見生命的道路。聰明人都知道，問題比答案本身更能指引生命。好的問題可以隨我們度過許多年，答案通常會導致走入死路。我們對生命的任何問題，都是好問題，因為一個問題能夠引發另一個問題以及一些答案，源源不絕——這將無可避免地導致更多問題。問題將我們帶到上天的面前，有許多的大哉問。

我們的問題並非專屬，孩子一生中也會問類似的問題。為了幫助他們解決自己的問題，我們需要善於提出問題，並自行承擔問題的緊張程度。作為父母，我們愈能好好地提出問題，並在生活中與問題並存，愈有能力幫助孩子學習提問，並能運用這些問題作為生活指導。這是一種更為深思熟慮的教養法，是我們大多數人所不熟悉的。

孩子心中所產生關於生命的問題，包括一般問題和哲學問題（例如，為什麼有人很壞？為什麼星期日會有人死？為什麼有些人很窮，有些人很富有？）以及個人問題和現實問題（例如，為什麼奶奶會生病？媽媽為什麼要死？我什麼時候會死？）。不要急著回答這些問題，透過從孩子心中所產生美麗而勇敢的問題，與孩子的心保持連結，如此一來，我們便能幫助孩子與最關心的事物保持連結，並幫助孩子開始看見自我的個性、熱情和目的。

提出更好的問題

想要提出更好的問題，我們需要兩件事：心靈的敏感度和直率的好奇心，其他任何事都比不上這兩件事更能使我們與自己、別人和神建立親密關係，因為我們都是受到關係驅動的存在。沒有什麼比不敏感和僵化更能使我們遠離親密關係。

心靈的敏感度並不像有些人以為的是一種過敏，而是表示開放我們自己和別人的心靈，特別是感受、需要、欲望、渴望和希望的內在經驗（參見《心靈的聲音》一書）。為了學習如何提出更好的問題，我們需要漸漸變得願意讓日常生活中的事件影響我們。心靈敏感表示我們讓自己受到生活的影響，或「被生活逮到」，因為我們有能力真心關懷別人。我們樂於受到感動、為人所知並受到啟發。但我們也容易受到傷害、被背叛、拋棄和失望。

當我們具有心靈敏感度，便會從基於理智的問題轉向心靈問題。基於理性的問題通常以「為什麼？」開頭，這種問題需要解釋，往往要提出辯證。這樣為什麼會傷心？他們為什麼有那種行為？他們為什麼要這樣做？「為什麼」類型的問題不一定都是壞的，只是不屬於可以創造關係空間的問題，沒有參與的邀請。當我們真的為孩子找到答案，這些答案很少能滿足我們的心，因為答案都會有「因為」，例如「因為我說了算」，這種答案不會與孩子的心靈連結。

更多基於心靈的問題，如「什麼？」、「如何？」、「何時？」等，具有與我們自己、別人和神等，開拓新關係。這些問題能非常有效地與孩子（以及與我們想要改善關係的任何人，例如配偶、家庭成員、朋友、同事等）建立更好的對話。想像一下，問孩子「你為什麼那樣做？」這樣的問法與「當你那樣做時，心裡想要什麼？」兩者的差異。

為了提出更好的問題，我們也需要直率的好奇心。直率和不直率的問題兩者差別在於，我們並不知道直率問題的答案。想一想，平時我們問孩子的問題，其實許多都是指示。「你要去拿鞋子嗎？」（去把鞋子放好。）、「你的作業怎麼樣了？」（我擔心你沒有好好把握時間，也沒有完成作業。）、「你覺得我需要去和老師談談嗎？」（你在學校似乎狀況不好，我很擔心，我會和老師談談，看看我有什麼需要做的。你表現良好對我來說很重要。）

所有這類問題都隱藏了正確的答案和行動，孩子並不傻。他們知道這些隱晦的指責不是直率的問題，而是父母用來軟化他們請求、恐懼或要求的技巧。我們把指令放在問題中，利用關係的魔術方塊傳遞資訊，最後導致孩子必須去猜測父母的意思。問題愈是隱藏著模糊的情緒，父母和孩子便愈難以親近。

相較之下，直率問題中沒有隱藏的指示。直率問題邀請親子展開對話，是來自於真正的好奇心。直率問題不會假設答案或行動，可為回答問題的人提供空間，以表達、擴展和探索自己的反應。提出直率的問題，將使親子關係更加充實，生活更具活力，但卻比較不容易預測。我們的生活將可能更加充滿樂趣、野性、快樂，也可能更加痛苦、困惑和沉重。

直率的問題是開放式的，不能直接回答是非對錯，一些例子如下：

- 那對你來說感覺怎樣？
- 你希望它會變成怎樣？
- 從前你什麼時候有過這種感覺？
- 你知道哪些人擅長我們正在談論的事？你在哪裡看到他們做過？

開放式問題可能會嚇跑孩子，特別是屬於害羞或內向型的。比較輕鬆的例子如下：

- 你和———成為朋友，你喜歡對方什麼？
- 你覺得有趣但永遠不會想要做的工作是什麼？
- 做小孩最好的事是什麼？做小孩最糟的事是什麼？
- 如果你能有三個願望，會是什麼？
- 爸爸媽媽最好和最糟的事是什麼？
- 你願意一年沒有網路或巧克力嗎？為什麼？
- 如果能回到過去，你要去什麼時代？要去哪裡？
- 你對朋友如何形容你的兄弟姊妹？
- 你吃過最噁心的東西是什麼？
- 如果你可以改變一條法律（或家規），你會改變哪一條，為什麼？

保留問題

一旦我們開始提出更好的問題，便需要善於抓住問題，讓問題開始在我們的心中開闢新空間。保留問題具有挑戰性。當我們不再想要弄清楚自己和所愛的人的生命，開始存在當下，感受自己和所愛的人的生命，此時我們就會變得更能連結自己以及所愛之人的感受和需要。這樣做雖然的確可以促進親密關係，但也會帶給我們的生活更多痛苦和衝突。但是，優良關係代表具有駕馭衝突的良好能力。保留問題並不等於把問題掃到地毯下蓋起來，規避真相，或是不想去碰一個明顯難以處理的問題，事實上剛好相反。

學習保留問題具有四個關鍵要素，這些要素對於體驗心靈問題所帶來的真理是必要的。

1 意願。這是我們在情緒和靈性上接受影響的程度，這表示讓我們的心靈充分參與所要承擔的風險。我們愈是有意願，便愈容易受到心靈問題的影響和改變。

2 忍耐。這是接受和容忍等待的能力。忍耐的英文是patient，來自拉丁語，意思是「痛苦」。耐心地承擔著希望的重負。一個問題愈集中在心靈，它就愈沉重。

3　工作。這是我們在處理心靈問題所要消耗的情緒和靈性能量，涉及身邊關係的任務，以及面對、處理時所需的行動和想法。記錄、諮商、祈禱、接受回饋、思考、想像——這些都是我們能夠妥善保留問題的方法。

4　時間。這是生命不確定的連續過程，我們的故事在面前一一展開。學習如何妥善掌握問題，包括給問題時間，讓問題自然顯示多重真相，指引我們。

以下是父母既有的心靈問題一例：我與母親的關係如何影響我與自己、孩子的關係？父母可以花一輩子時間來處理這個問題。

與問題共同生活

心靈為我們所提供的問題是關於生命智慧的基本組成部分。當我們能夠提出更好的問題，並妥善保留問題，我們便能隨遇而安，開始與問題共同生活。與問題共同生活是關於接受、容忍和活在生命的奧祕中，讓這個過程指引我們每天的方向。作為情緒和靈性造物，我們需要能持續欣賞奧祕。但是由於生物學和個人生活經歷，大多數人不僅不懂得欣賞奧祕，反而遠離。奧祕是我們不知道的，也是我們要去的地方。奧祕是在明天的世界。我們厭惡模稜兩可，痛恨矛盾心理，渴望確定性，尋求承諾。我們有理由這樣做。然而，這不是我們必須生活的本質。我們的情緒和靈性存在比所能想像的要廣大得多。我們是為永恆而創造的。神創造我們，是要在一個無盡和平與歡樂的世界中生活，但我們卻生活在一個終結和悲傷的世界中。

以《聖經》為例，到處充滿悖論和奧祕的道路：「神的國就在你們心裡。」、「神國像小孩。」、「失去自己生命的，這個人將保全生命。」《聖經》中有這麼多真相在引導我們走向心靈的問題。《聖經》中對人類經歷的描述較多，遠超於如何生活的描述。關於生日要送給配偶什麼，沒有列出清單；關於榮耀父母的意義是什麼，描述的細節很少；關於如何處理婚姻衝突的說法不多；很少關於教養孩子整體生命的意義是什麼。

如果我們不願意提出問題，不願意生活在奧祕中，最後將會過著一種非常渺小、受限、受控制的生活，變成過著一種非常即時的生活，一種滅火的生活，一切所作所為都是為了下一件可以控制的事，以及下一個可以產生的結果。我們對生命只有一種非常短淺的看法，也對孩子的生命有非常短淺的看法。生活不會充滿靈性，而是由待辦事項表所掌控，變得很焦慮。

生物學因焦慮而連結

由於恐懼，人類在生物學上連結在一起。你在思考以下問題時，會有什麼感受？

・明年會發生什麼？
・下週會發生什麼？
・明天會發生什麼？
・你的孩子開車時會發生什麼？
・你的孩子上大學後會發生什麼？
・未來十年你父母的生活會怎樣？

當你想像可能的結果時，大概會注意到腦海不經意會出現消極和痛苦的選擇。大多數人在思考這些問題時，會產生某種程度的恐懼，可稱為擔憂、焦慮、不安或煩惱，這些都是恐懼情緒的不同表達方式。

當有人問「你害怕什麼？」我們經常會回答：「我不知道。」技術上而言，這個問題的答案是，我們不是害怕未知，真正害怕的是壞事再度發生。有一個很好的例子：如果有一隻巨大飢餓的灰熊站在你家門外，而你卻不知道，你就不會害怕，因為你不知道。

我們在思考「明天會發生什麼？」這個問題時，經常會考慮兩點，一個是生命中的事實（事件的順序），一個是負面結果。我們很少會想一些好事——好像生活是一種競賽節目。早上醒來時，我會走進車庫，氣球從天花板上掉下來，人們會歡呼，原來是一輛新車停在那裡。那樣很好，但我們不會捏造事實。如果我們捏造事實，聽起來會很荒謬。

我們最常會用負面經驗來解釋未知因素，因為人類的大腦設定容易堅持痛苦的事，而不是記住愉快的事。事情愈是痛苦，就會影響我們的決策和處事風格愈重。人類的所有發展都是為了塑造大腦，使我們活著，因此必須要有一種注意危險的機制。大腦

（杏仁核）有一部分功能就像一隻處於警戒狀態的土撥鼠，掃描地平線上可能發生的凶險。我們的先天程式預設為注意負面事物，因此大腦被賦予了兩個非常基本問題的關鍵任務：①接下來會發生什麼？②我會沒事嗎？

在回答這些問題時，我們大腦的另一部分（額葉皮質）就像一台超級電腦，精於計算所有可能的結果。我們必須面對的一個挑戰是，超級電腦會特別加重過去經歷中的痛苦和負面事件，因此不難想見在我們思考未來時會發生什麼？負面的結果。當這種情況發生時，就像土撥鼠一樣開始忙碌掃描地平線，造成超級電腦吐出更多負面結果。在我們還沒發現以前，已經形成一種自我回饋的焦慮循環。

由於我們對生物學的倚賴，變得非常焦慮（可能因此變得傾向於控制或逃避）。但是，當我們對於覺察恐懼、處理過去的傷口、建立關係等愈來愈熟練，愈能超脫生物學，完全活出情緒和靈性自我，變得更加統整為一體，不再那麼焦慮。

不僅是征服者

成為父母會產生問題，當個孩子會產生問題，生活在地球上也會產生問題。年幼的孩子總是會問「為什麼？」在他們逐漸成長之際，問題也變得愈來愈複雜，從事物如何運作的問題，轉變為自己的來源、身分和價值的問題。透過這些問題，他們學會如何努力奮鬥。

學會好好活出問題，表示我們作為父母，能在孩子的生命中展現情緒和靈性，提供我們所有的答案，並在生命中呈現給孩子。在這個過程之外，我們的工作在各種方面是要告訴孩子，我們在相同年紀所經歷的掙扎痛苦，隨著孩子的長大成熟，甚至會告訴孩子我們目前的掙扎痛苦。換句話說，我們將所有現實都告訴孩子，告訴孩子什麼是充實美滿的生活。

如果我們能成為這樣的父母，孩子將不僅僅是征服者，而能夠面對生活的考驗，確知自己不是孤軍奮戰，有父母的陪伴。他們能有信心知道，即使在最黑暗之中，遇到再困難的問題，父母都會與自己在一起（不過卻可能會使我們心碎），孩子會知道如何面對生命。

我們想要運用這些真實時刻去幫助孩子，方式就是讓自己變成能夠提問、保留和活出問題的人。接受生活、有意願進入和容忍生活的能力，為我們開啟大門，能夠在深刻的情緒和靈性層面上與孩子在一起，陪伴孩子一生的起伏。孩子承受不起我們假裝他們沒有心靈問題，他們走過自己故事時，需要我們陪伴一起走。他們需要知道我們還在繼續走自己的路，他們需要我們繼續擴大情緒和靈性能力，這樣我們就能夠幫助孩子度過自己的生命，成為真心實意的成年人。

深入探索

- 你背負什麼問題，卻抗拒去處理？
- 寫下你愛孩子的十到二十件事，然後再寫下你煩惱孩子的十到二十件事，每個孩子都要分開來想。為這兩種情形祈禱。
- 列出你對家人關係的感激之情。有些事只關於你自己，或與配偶有關，有些只與孩子有關，有些則與全家都有關。請寫清楚。有些事可能很重要，有些則看似微不足道，但無論如何都很重要。
- 下定決心不再控制一切。讓孩子帶你去度過某個下午的冒險，去哪裡由孩子決定（如果你負責開車，讓他們決定車往哪個方向開）。由孩子來決定活動、食物和音樂，享受他們「負責」的樂趣。事後花一些時間思考自己

第10章 極限鐵人三項

尊重距離，否則距離不會尊重你！它會把你吃掉、吐出來，要你求饒。

——佚名

鐵人三項競賽是一項長距離競賽，賽程依序包括二．四英里游泳、一一二英里自行車和二六．二英里跑步，不可間斷。鐵人三項運動員平均大約需要十二小時三十五分鐘才能完成全部賽事。極限鐵人三項則比鐵人三項的距離更遠。也就是說，每次極限鐵人三項運動競賽，必須有**超過**二．四英里游泳、一一二英里自行車和二六．二英里跑步。這些競賽任何一個項目所需的體力，都可與成為父母所需的情緒和靈性耐力相比。從心靈出發的教養，就像活在極限鐵人三項中一樣。由於教養子女的挑戰如此巨大，我們必須要有長遠的願景。

用心教養需要當下穩定的步伐，但父母常常採用的是短跑運動員的方式，因此照顧孩子運用的也是一種短暫的生活觀。由於我們專注於成就和行為良好的短暫結果，很難幫助孩子發展熱情、信仰、同理、醫治、親密、謙遜、寬恕和喜悅等生活所需的基本特質。當我們的教養是著重於短期結果時，妨礙的是孩子的未來。即使孩子長大成人，達成許多父母堪稱自豪的美好事物，孩子卻有可能錯失養成美好人格特質的機會，例如缺乏正直、智慧、同理心、力量、勇氣和節制等，無法成為自己被創造的模樣。

當我（史蒂芬）的第二個孩子以利亞出生時，我很高興能有一個兒子。自從女兒艾瑪克萊爾兩年半前出生以後，身為一個男人，我成長了不少，因此渴望成為一個有兒子的父親。多年來，許多人都表示以利亞與我相似的程度有多麼高，還稱他為小史蒂芬——我喜歡人們這樣說，但兒子似乎不在意。隨著兒子的個性發展，很明顯我們倆個性也非常相似：堅強、自信、果決、有點專橫、投入、與人相處融洽、體貼、固執。他是我的第一個兒子，我在他身上看見很多——包括我欣賞自己的部分，以及我希望孩子與自己不同的許多方面。後來有一次，我決定盡己所能阻止他發展我認為的負面特質，這個想法並沒有經過深思熟慮，只是在我們親子關係中發生的一件插曲。我想盡可能成為最好的父母，我想確保他能獲得我年輕時所沒有得到的部分。

以利亞大約六歲的時候，他和大約三歲的弟弟泰迪，兩個人爭著搶奪一隻小狗布偶，他們來到我面前希望我能解決這個紛爭，兩個人都盡力為自己爭辯。當時我覺得心裡冒出一股能量——最貼切的形容是發誓「成為最好的父母」。我很快抓住布偶，扮演起所羅門王，威脅著要將嬰兒切成兩半來證明哪一位是真正的母親。所以我聲稱，如果他們不停止爭吵，我會將玩偶切成兩半，同時心裡想著，在《聖經》故事中，真正的主人會讓小狗好好活著，不想看到它被摧毀。不過我沒想到的是，他們還只是小孩，而不是母親。兩個人繼續吵著要小狗的所有權。於是我走進廚房，打開抽屜，拿出一把剪刀，然後給他們最後一次機會想清楚。我打算好好教他們一課。不過兩個人並沒有停止爭吵，所以我拿起剪刀將狗布偶剪成兩半。他們震驚地盯著我，然後兩人一起開始哭了起來，哭得愈來愈大聲。沒過多久，海瑟回家了，我以為自己做了正確的事，還自豪地告訴她我的育兒勝利時刻，指責孩子要為玩具被毀負起責任。

她帶著困惑和憤怒的表情看著我，瞪了我一眼，暗示兩件事：「我們需要談一談」和「以後再也不讓你和兒子們單獨在一起」。我還沒意識到我對兩個兒子做的是一種霸凌行為，原本我想要證明自己是偉大的父母，但試驗的結果，我卻留下了傷痕累累的自負和遺憾。我發現自己的缺失，但卻不知道那是什麼。當時我還不自知，我對於自己做得正、行得穩是多麼堅定，卻忘記了親子關係。隨著時間過去，在海瑟和朋友們的反應下，我開始對自己驕傲的控制放手，開始讓教養喚醒我，告訴我多麼需要改變和成長。於是我不斷發現真相、現實和可做的事，就像這本書中所寫的一樣。我已經放棄（大部分時間）藉由教養來承擔我身分的重量，變得愈來愈能夠接受笨拙就是我所能做到最好的事。

希望的考驗

要成為夠好的父母，我們必須將心靈帶入教養子女的過程中。當我們真心實意地教養子女時，其實是一種自我成熟、成長的過程，而不是教養子女的成果。在這種方式中，教養子女是一種充滿希望的情緒和靈性考驗。考驗的英文crucible原意是坩堝，是一種放置金屬或其他物質用來高溫加熱的容器，使物質熔化，因此用來代表一種迫使人們改變的挑戰或困難的決定。教養是一種獨一無二的考驗。如果我們教養時帶著一顆心，並且將眼光放長遠，心靈會發生一次又一次的變化，在這個過程中會顯現真實的自我。堅持這個過程的方式是進行下面的練習。

誠實。真實性會透過心靈的語言來實現：感受、需求、欲望、渴望和希望。我們愈是面對並關注自己心中的掙扎，愈能夠真誠地與自己以及周遭人的生活。

開放。作為父母，我們需要對願意提供回饋意見的人保持開放態度。回饋使我們更能夠從別人的角度來瞭解自己，幫助我們看見自己看不見的東西。讓我們不再被蒙蔽，進入一種新的成長方式。

過程。教養並非一成不變，而是一種動態的成長進化。擔任夠好的父母並不是我們可以獲得的結果，而是當我們接受生命不是自己所能掌控的，這是放棄控制的練習節奏和經驗產物，是我們面對生命各種問題所採取的生活方式和法則，也是我們允許生命為我們展開的方式。

經驗。作為父母，我們需要做任何必須做的事，以阻止自動駕駛型教養的瘋狂。不斷從失敗中成長的經驗，讓我們產生希望與力量。

這四種練習分別取英文的第一個字母（Honest, Open, Process, Experience）可組成 HOPE，也是希望的英文。HOPE 的教養有助於我們對自己和所愛之人保持心靈的開放，停止僅是「過」生活，而是每天都可以進入我們內在的「靈根系統」（感受、需求、欲望、渴望和希望），使我們能夠一起成為孩子生活中更大故事的一部分。

教養改變了你

教養是一種改變心靈的努力。為了長期與孩子連結，我們必須讓教養更像是靈性的實踐，而不是其他任何事物。當我們的心靈充分投入時，會發現教養是關於我們與自己、他人與上天的關係（甚至更緊密），而不僅是我們與孩子的關係。當我們作為父母，會開始看到教養其實在於身為人類的心靈成長（甚至關係更緊密），而不僅僅是拉拔孩子長大。教養是一種懺悔、悔改、轉變和歡慶的持續進程。

懺悔。要成就自己，懺悔就是第一步。懺悔是對自己和別人承認我們的真實本性（而不是必須要做的）。重要的是要瞭解，confess 這個英文字在《新約．聖經》翻譯成「懺悔」，是一個常見的希臘文字，原意是「同意」，因此 confession 真正的意義是同意上天創造我們的模樣。懺悔是一種開始，當我們生活在懺悔中時，會不禁轉去認識與面對自己與造物主。

悔改。轉變成為真實的自我，就是悔改。悔改其實不是遠離某些事物，而是再度轉身面對某些事物。教養一次又一次召喚我們面對真實自我和上帝，因而可以接受我們與生俱來所要接受的安慰、承諾、勇氣和平安。

轉變。當我們重新與自己結盟，並轉而面對自己與神時，就會發生轉變。我們發現自己不再處於黑白思維的陷阱中，變得有耐心，對生命的看法有較長遠的觀點，不再只關注眼前。我們的願景變得更加清晰，行動也能夠一致。

歡慶。歡慶是由愉快和感恩兩個部分所組成。愉快是一個人願意給予和接受愛的喜悅表達。不再試圖掌控一切，感恩就是我們所得到的禮物。

這種懺悔、悔改、轉變和歡慶的節奏和過程，是一種持續不斷的回歸的歷程。我們持續回到問題的核心，並不斷追尋在重重問題中生活的勇氣。當我們漸漸在精神和情感上顯現出來，對可預測性的渴望和狀態都會消失。我們將更受益，並接受生活實際上是持續改變和成長，變得更能夠去愛。

如果我們是成長的，會成為懂得與孩子保持對話的父母，因為我們知道孩子可以教我們很多。當親子在日常生活中不斷發生對話，父母和孩子將具有彼此分享心靈的能力。心中聰慧的父母願意從孩子身上學習生活，因為教養不完美。這不只是做父母，而是身為一個可以擔當父母之責的人。我們必須成為願意打開心胸接受改變的人，這樣我們的心才能與孩子共同成長。

透過這種方式，成為夠好的父母，並允許自己將我們所得到的恩惠，擴及孩子和配偶。用心教養不是在進行短程賽，如果不讓自己休息，避免混亂，就會把自己弄得精疲力盡。我們需要讓自己每天早上重新開始。孩子是很有韌性的，他們不過度期望，更重要的是，實際上也不需要完美，而是需要持續陪伴，就算父母屢屢犯錯也沒有關係。

孩子需要能夠寬恕孩子和自己的父母。當我們做錯時，或是孩子做錯時，他們都需要我們的道歉。孩子需要父母不因為過去而譴責自己，今天才能享受當下與我們在一起的時光。當我們批判自己、蔑視自己時，是無法與孩子建立關係的。

我們畢竟是人，無可避免會犯錯，但孩子還是需要一些活得好的範例。我們是非常容易犯錯的物種。但奇怪的是，我們有限的能量、狹隘的觀點、硬心腸、使人受傷的言語，以一種奇特的方式告訴孩子，父母對孩子是不夠的——我們無法醫治孩子的痛苦，填補他們的空虛，改變他們的心靈。此外，放棄不切實際想要成為孩子「完美父母」的需求，我們其實是在釋放自己，能夠自由自在愛孩子——為孩子的原本模樣而愉快，並感恩能夠與孩子在一起。

教養是一連串的告別。作為有心的父母，這是令人心碎的主張：「我會給你我所有的一切，這樣你就可以拿給別人。」我們用心做父母，是在預備孩子的長大成人。如果我們是夠好的父母，那麼孩子將能做好準備，以從未愛過我們的方式去愛別人（孩子自己的配偶和孩子）。孩子會比較想要和別人在一起，不太想和我們在一起。如果不是這樣，表示事情有誤，孩子無法自由自在，將自己的心交給別人。

慢慢來

以長遠的眼光看待教養，可讓我們放緩腳步，開始注意並喜歡小事。生命變得具有更多意義，或者更準確地說，我們能與生活的深層意義互相協調。快速的生活方式會使我們感到慌張憂慮。我們的生活繁忙程度與關係的膚淺程度呈正比，我們與孩子的親子關係尤其如此。

當我們忙碌、行程爆滿、精力消耗殆盡時，會專注於生活狀況而不是生活的本質。忙碌使我們生活中的情緒和靈性與活動發生衝突，忙碌到了極點，我們會與自己的真實模樣以及被創造的模樣失去連結。

為了與真實自我和孩子同在，我們每天需要接納自己的感受和需要，生活中臣服於神，並接受結果。我們愈是能夠坦白、臣服和接納，愈能找到更多自由，為孩子提供我們的心，並幫助孩子保持自己的心，最後宛如能生活在美國神學家尼布爾（Reinhold Niebuhr）著名的〈寧靜禱告文〉（Serenity Prayer）中：神啊，求祢賜我寧靜的心去接受我所不能改變的，賜我勇氣去改變我能改變的，並賜我智慧去分辨這兩者。一天天度過，欣賞每一個時刻；接受艱難困苦是通向平安的步道。如同耶穌說的，接受這個有罪世界的本相，而不是我希望的模樣。如果我臣服在祢的旨意中，我相信祢會使所有的事都正直。因此我能在這個生命中活得有喜樂，而且將來能極度喜樂地和祢活在永恆之中。阿們。

附註

第1章 冰上的長頸鹿

1 D. W. Winnicott, Playing and Reality (UK: Tavistock Publications, 1971).

第2章 關係的連結

1 Chip Dodd, The Voice of the Heart: A Call to Full Living (Nashville: Sage Hill Resources, 2014).

2 Chip Dodd, The Needs of the Heart (Nashville: Sage Hill Resources, 2016).

3 John Bowlby, Attachment and Loss, vol. 1 (New York: Basic Books, 1969); M. D. S. Ainsworth, M. C. Blehar, E. Waters, and S. Wall, Patterns of Attachment: A Psychological Study of the Strange Situation (Hillsdale, NJ: Erlbaum, 1978).

4 J. M. Gottman and R. W. Levenson, "A Two-Factor Model for Predicting When a Couple

Will Divorce," Family Process 41, no. 1 (Spring 2002): 83–96.

5 S. Carrere and J. M. Gottman, "Predicting Divorce among Newlyweds from the First Three Minutes of a Marital Conflict Discussion," Family Process 38, no. 3 (Fall 1999), 293–301.

6 J. M. Gottman, "A Theory of Marital Dissolution and Stability," Journal of Family Psychology 7, no. 1 (June 1993): 57–75.

第 5 章 失敗不是選擇，而是無可避免的

1 These characteristics were discussed by Dan Allender while Stephen was attending graduate school at Mars Hill Graduate School, Western Seminary, Seattle, 2001–3.

第 6 章 先戴上自己的面罩

1 Jeffrey M. Jones, "In US, 40% Get Less Than Recommended Amount of Sleep," Gallup News Service, December 19, 2013, http://news.gallup.com/poll/66553/less-recommended-amount-sleep.aspx.

2 Herbert Benson, MD, and Miriam Z. Klipper, The Relaxation Response (New York: HarperCollins, 2009).

3 M. R. Salleh, "Life Event, Stress and Illness," Malaysian Journal of Medical Sciences 15, no. 4 (October 2008): 9–18.

第7章 爬上夢想之山

1 Stephen James and David Thomas, Wild Things: The Art of Nurturing Boys (Carol Stream, IL: Tyndale, 2009), 200.

第9章 學會與問題共存

1 Samuel Beckett, Endgame (New York: Grove Press, 1958), 53.

2 John O'Donohue, "The Question Holds the Lantern," The Sun, November 2009, https://www.thesunmagazine.org/issues/407/the-question-holds-the-lantern.

用心做父母：如何培養出有韌性、愛心、聰明的孩子 / 史蒂芬 . 詹姆士 (Stephen James), 奇普 . 杜德 (Chip Dodd) 作 ; 鹿憶之譯 . -- 初版 . -- 臺北市 : 時報文化 , 2019.06
面；　　公分 . -- (教養生活 ; 54)
譯自：Parenting with heart : how imperfect parents can raise resilient, loving, and wise-hearted kids
ISBN 978-957-13-7817-6(平裝)
1. 親職教育 2. 親子關係 3. 基督教
528.2　　108007336

Originally published in English by Revell, a division of Baker Publishing Group, PO Box 6z87, Grand Rapids, MI +gSt6-6287, U.S.A.
www.revellbooks.com

ISBN 978-957-13-7817-6
Printed in Taiwan.

教養生活 54
用心做父母：如何培養出有韌性、愛心、聰明的孩子

Parenting with Heart: How Imperfect Parents Can Raise Resilient, Loving, and Wise-Hearted Kids

作者 史蒂芬・詹姆士（Stephen James）、奇普・杜德（Chip Dodd）｜**譯者** 鹿憶之｜**主編** 李筱婷｜**編輯** 謝翠鈺｜**執行企劃** 藍秋惠｜**封面設計** 林芷伊｜**美術編輯** 吳詩婷｜**發行人** 趙政岷｜**出版者** 時報文化出版企業股份有限公司　10803 台北市和平西路三段 240 號 7 樓　**發行專線**—(02)2306-6842　**讀者服務專線**—0800-231-705・(02)2304-7103　**讀者服務傳真**—(02)2304-6858　**郵撥**—19344724 時報文化出版公司　**信箱**—台北郵政 79-99 信箱　**時報悅讀網**—http://www.readingtimes.com.tw｜**法律顧問**　理律法律事務所　陳長文律師、李念祖律師｜**印刷**　盈昌印刷有限公司｜**初版一刷**　2019 年 6 月 14 日｜**定價**　新台幣 320 元｜缺頁或破損的書，請寄回更換

時報文化出版公司成立於 1975 年，並於 1999 年股票上櫃公開發行，
於 2008 年脫離中時集團非屬旺中，以「尊重智慧與創意的文化事業」為信念。